集邮电台

冬奥盛典 方寸铭记

任永信 主编

人民东方出版传媒
People's Oriental Publishing & Media

东方出版社
The Oriental Press

本书编写人员

主　编：任永信

副主编：赵爱国

编　委：陈　晨　郑　方　肖焕伟　侯　琨

　　　　沈　晨　周　凯　宋欣坤（主持人）等

开 篇 词

2022 年新春前后，一个叫《集邮电台》的节目在"喜马拉雅"音频分享平台开播了，首档栏目"冬奥＋邮——冬奥邮票故事"的播出时间横跨北京冬奥会期间，播放量突破 100 万次，并入选"喜马拉雅十大节目"。

什么是集邮电台？集邮电台的魅力在哪？有何特色？

"集邮"源于对邮票的热爱。小邮票大世界。邮票是邮资凭证，信件贴上了邮票，就得到了承诺，使命必达；邮票是国家名片，代表政权、宣示主权、铭记大事；邮票是世界表情，各国风土人情、精神风貌一一呈现；邮票是人类进步、文明传承的重要载体，是节日节庆、重大活动的重要见证。

集邮，不仅仅是收集邮票，也被赋予欣赏、整理、研究的价值，更包含与之相关的邮政用品和集邮文献。集邮活动历史久、范围广、影响大、文化深。

历史有多久？182年前，世界第一枚邮票——"黑便士"在英国诞生，集邮活动便随之开始；144年前，中国第一枚邮票——大龙邮票诞生，引发人们开始收集邮票、研究邮票。这张小纸片给人们带来的便捷，逐渐为世界各国所感知并采用，集邮这项活动也随之风靡世界，各国集邮组织也纷纷建立起来。世界最早的官方集邮组织是英国伦敦集邮学会，该学会成立于1869年，已有150多年历史；中国最早的集邮组织——神州邮票研究会于1922年在上海成立，今年恰逢百年。

范围有多广？集邮不分年龄、不分种族、不分性别、不分职业、不分信仰，邮票物美价廉、唾手可得。您可能不知道，最初收集邮票的是妇女和儿童，邮票小巧美丽，女士用它美化居室，儿童拿它当玩耍的画片。"黑便士"诞生一年后，英国《泰晤士报》曾登载过一位伦敦女士征求邮票装裱居室的启事。如今，世界邮展每年都会在世界各地举办，每个国家大大小小的邮展也不计其数，全世界的集邮爱好者在交换、选购、研究、分享中享受着集邮带来的独特快乐。

影响有多大？英国王室是最知名的集邮群体，其"皇室邮集"经六世君主，四代传承，规模已达 300 多本邮册及 200 多箱，总价值超过 1 亿英镑。2015 年，习近平主席访问英国，以《中国》邮折作为国礼，赠送给英国女王，女王爱不释手。不仅如此，美国前总统罗斯福、埃及国王福阿德和法鲁克、罗马尼亚国王卡罗尔、西班牙国王阿尔方索十三世、摩纳哥国王雷尼尔三世都热衷集邮，集邮因此被称为"王者之好"。

文化有多深？作家老舍曾说："集邮长知识，嗜爱颇高尚。"拿邮票上的铭记①来说，其充分体现了各国文化的魅力。如英国邮票以女王头像剪影铭记为一大特色；匈牙利则以匈牙利语"MAGYAR POSTA"作为铭记，"MAGYAR"是其主要民族马扎尔的名称；瑞士以古希腊神话中护卫神的拉丁文名字"HELVETIA"为铭记，源于现在的瑞士人多认为自己是赫尔维西亚人的后裔；芬兰以"Suomi Finland"作为铭记，意为湖沼之国；美国用国名缩写"USA"或"US"作为铭记；法国曾用法语"法兰西共和

---

① 铭记：指在邮票上所署的表示发行该邮票的国家、地区和发行机构的标记。常以文字、编写字母或特殊的徽志来表示。

国"的缩写"RF"来代表；而中国邮票最大的特色就是志号的标注，按编号收集，方便了集邮者，也体现了"人民邮政为人民"的服务意识。

集邮既是文化活动，也是浓浓的乡愁，有缘分、有故事；它起源于欧洲，风靡于世界，繁荣于中国，有积淀、有影响。那么，到底什么是集邮电台？电台是空中传声的电波，时效快、易传播。集邮电台就是要以声传情、以情动人，讲述邮票背后的历史渊源，彰显方寸间的文化内涵。

集邮电台的首个栏目"冬奥＋邮"，顾名思义，一是助力冬奥，为冬奥加油，为冬奥加一分呵护、加一份力量；二是"冬奥加邮票"，邮票是世界表情、国家名片、文明传承、活动见证，"冬奥＋邮"特别栏目就是以邮为媒，向世界展示中国底蕴和冬奥风采。

本栏目有以下三大特色：

一是冬奥与邮票的结合。冬奥是2022年新年伊始最大的看点、热点、焦点，邮票记录了北京冬奥会申办、筹办的重要历程，从邮票视角看冬奥，小节点，大视野；从冬奥视角看邮票，小聚焦，大格局。

二是专业与情怀的融合。节目形式以 2～3 人对话为主，嘉宾中既有资深集邮文化学者任永信、"双奥解说"陈晨、"冰丝带""冰立方"场馆建筑总设计师郑方、奥运文化推广者侯琨、"双奥导演"沈晨等奥运亲历者，又有张家口赛区云顶滑雪公园 CEO 肖焕伟等场馆建设者、管理者。他们既懂冬奥文化，又有集邮情怀，在交流中体现专业视角，砥砺思想；在互动中彰显人文情怀，激荡智慧。

三是体育与文化的契合。从"奥运三问"到中国参与奥运、举办奥运，从"同一个世界 同一个梦想"到"一起向未来"，越是民族的就越是世界的，中国文化如何从奥运文化中汲取营养？中国文化如何为奥运文化增添新动能？以邮为媒、多元视角，品味不一样的北京冬奥。

为纪念北京冬奥这一举世瞩目的盛事，特将每期嘉宾对谈内容整理成册、付梓出版，以飨听众与读者。

让我们继续秉持奥运精神，一起向未来！

目录

随着冬奥脚步的临近，大众对冬奥会"简约、安全、精彩"的办奥要求和冬奥会的来龙去脉越来越关注。本章内容中，两位嘉宾从各自专业领域出发，追溯冬奥历史上的十二个"第一"，盘点奥运邮票史上的十二个"第一"。最有趣的故事，最具代表性的"第一"，在妙趣横生的"巅峰对决"中精彩呈现。

冬奥遗产中能被记住的很多，但是从文化的角度令人印象最深刻的有两个，一是邮票，奥运邮票就是一部浓缩的奥林匹克拼搏史；二是建筑，奥运建筑是文明的传承、活动的见证，设计师赋予了它灵动的生命。那么"最远"和"最近"发行的邮票是什么时候？发行枚数"最多"和"最少"的邮票是哪几套？发行速度"最快"和"最慢"的又是哪些邮票？冬奥场馆中又隐藏了哪些"世界之最"呢？本章视角独特，为您娓娓道来。

　　新疆阿勒泰神秘的岩画，《山海经》中传说已久的钉灵之国，究竟反映着什么样的历史？现代人喜欢滑冰滑雪，古人也喜欢冰雪运动吗？本章通过追溯中国冰雪运动历史，探寻古代冰雪运动投射在现代冬季奥林匹克运动中的光影，一幅热闹非凡的《冰嬉图》带您穿梭冰雪时空。

　　北京冬奥会令人回味的亮点很多：空灵浪漫的开幕式，紧张激烈的竞技项目，屡屡刷新的赛事成绩，还有创意频出、惊艳世界的闭幕式。"精彩绝伦、薪火相传、青春风貌、实事求是"，"传统、赋能、破冰、珍藏"，两位嘉宾各以四个关键词概括自己心中珍藏的冬奥盛典，那么您心中珍藏的奥运记忆又是什么呢？

　　从夏奥到冬奥，14年间不仅是办奥理念和口号的变化，更是我国经济硬实力、文化软实力、科技巧实力所构成的综合国力的变化；双奥导演的回忆穿越的不仅是14年的时空，更是中国文化愈发自信的表现。冬奥会、冬残奥会开闭幕式上打动人心的经典瞬间的背后，是中国的力量，是文化的力量。

PART 1
"冬奥＋邮"历史早知道

◆引　言:

随着冬奥脚步的临近，大家对冬奥会"简约、安全、精彩"的办奥要求和冬奥会的来龙去脉越来越关注。针对这些热点，本期嘉宾任永信、陈晨将对冬奥历史、奥运邮票史进行回顾。

◆嘉宾介绍:

任永信: 全国"五一劳动奖章"获得者、资深集邮文化学者。

陈　晨: 2022 北京冬奥组委雪上项目现场解说员、2008 北京奥运会鸟巢现场中文播报员。

◆对谈内容:

主持人: 请二位嘉宾谈谈"冬奥 + 邮——冬奥邮票故事"专题开办的初衷。

任永信: 北京冬奥会世界瞩目、万众期待，双奥之城①这个身份也很特殊，彰显了责任，也说明了中国的实力。从"同一个

---

① 双奥之城: 指举办过夏季奥运会又举办过冬季奥运会的城市。截至 2022 年，北京是世界首座且唯一一个"双奥之城"。

世界 同一个梦想"到"一起向未来",不单纯是口号的变化,也是办奥理念的变化。关于冬奥历史大家虽然知道,但不一定都清楚,将近百年的冬奥历史故事要说的实在太多太多。了解冬奥历史,可以让历史照进现实、鉴古知今;梳理冬奥邮票,可以让奥运文化深入人心、以文化心。我们在"喜马拉雅"集邮电台对谈,就是要让更多的人了解冬奥历史,了解奥运邮票历史,实现集邮文化和奥运文化、传统文化的高度契合。

陈 晨:从我个人角度来讲,邮票对于体育文化而言是最早的周边产品。奥运伊始,没有火炬,没有任何视觉设计,也没有吉祥物,但是有邮票。从第一届奥运会开始就有邮票,到1920年第七届安特卫普夏季奥运会的时候,主办国发行纪念邮票成为一项不成文的规矩,一直延续至今。后来有了吉祥物,有了奖牌,有了各个项目的标志性动作,有了标志性的场馆,这些东西都是邮票衍生出来的重要素材,所以邮票具有非常重要的纪念意义。尤其是2008年的时候,发行了很多珍贵的奥运邮票,大家纷纷抢购。此次北京冬奥会来临之前,大家对相关的主题邮票也非常期待,所以"冬奥+邮"这样的结合,也是中国邮政,包括集邮爱好者与体育文化的一次完美融合。

主持人：如何通过回顾历史来讲述冬奥故事？

冬奥历史
被"追认"的第一届冬奥会

陈　晨：第一个"第一"就是 1924 年法国夏慕尼第一届冬奥会，但其实那时候它还不是冬奥会，而是叫作"冬季运动活动周"[①]，1925 年才被"追认"为第一届冬奥会，但这个活动周在当时也是万众期待。它把 1880 年开始在斯堪的纳维亚半岛上由挪威发起的北欧运动会，连锅端到了夏季奥运会组委会（以下简称奥组委）当中，形成了一个冬季版本。当时的发起人，也就是北欧运动会的发起人，瑞典的维克托·贝尔克爵士，他比顾拜旦爵士[②]

[①] "冬季运动活动周"：又称"国际冬季运动周"，是 1924 年法国巴黎奥运会开幕前举办的冬季项目比赛。后来，这次盛会也被"追认"为史上第一届冬奥会。

[②] 顾拜旦爵士：全名皮埃尔·德·顾拜旦（1863—1937），法国著名教育家、国际体育活动家、教育学家和历史学家、现代奥林匹克运动的发起人。1896—1925 年，他曾任国际奥林匹克委员会主席，并设计了奥运会会徽、奥运会会旗，被誉为"现代奥林匹克之父"。

要大一些，两人差了十几岁，是忘年交。他对顾拜旦爵士发起的奥林匹克运动会，尤其现代奥林匹克运动会非常支持。他为了把奥运会凑成冬季和夏季的完整版，费尽心血和唇舌把自己的整个班底搬往奥组委，形成了冬季版本，这样才有了1924年夏慕尼的活动周。所以第一届冬奥会是后来被"追认"的，从第二届开始才慢慢形成了所谓的奥运会冬季版本，也就是冬奥会。而且，在普及冬奥项目的时候，我们也发现冬奥会好像比夏奥会的科技含量，包括投入的钱都要多得多；在保障装备方面，尤其是对环境的要求方面也更高，夏季基本上是晴天就能比赛，冬季还得有雪和冰。当时处于第二次工业革命时期，人类的科学技术还没有发展到特别成熟的阶段，所以当时举办冬季奥运会难度非常大。

冬奥历史
第一个两次举办冬奥会的城市

陈　晨：第二个"第一"是"双奥之城"。我们的"双奥之城"——北京是比较特殊的，在北京之前，"双奥之城"是指办过两次奥运会的城市。第一个办过两次冬奥会的城市是瑞士的圣莫里茨，这是一个号称最魔幻的、被上帝调过色的城市，甚至当地的空气都被称作香槟空气，就像气泡一样会闪闪发光。圣莫里茨比全球任何一个地方的色彩都更明亮，自带美颜效果。

瑞士以前是出雇佣兵的地方，后来发展出钟表、金融等精细工业，所以它有足够的国防能力来确保自己作为永久的中立国，也因此没有受到一战和二战的影响。瑞士在1928年举办第二届冬奥会，正是1929年大萧条到来之前，全球局势波涛汹涌，一战刚刚结束，二战正在酝酿。很多国家，比如法国，尤其是法国北部，它没有能力继续承办冬奥会，而且第一届冬奥会又是被"追认"的，不是真正的冬奥会，所以那时全球有能力举办冬奥会的也只有瑞士。于是1928年大家群策群力办起来的奥运会就放在了瑞士圣莫里茨，这也是真正意义上的第一次冬奥会。1948年第五届冬奥会又在圣莫里茨举办，这是因为二战整个欧洲大陆损失惨重，只有瑞士免于战火，所以只能放在瑞士的圣莫里茨。

第二届和第五届冬奥会之间，虽然美国和德国都举办过冬奥会，但其血统都不纯正。1932年美国普莱西德湖举办过一次，那是冬奥会第一次真正脱离欧洲，在美洲大陆举办，但那时大家对美国的印象就是"暴发户"，而欧洲作为有文化底蕴，尤其是有冰雪运动文化底蕴的地区，根本不屑于去美国参赛，所以第三届冬奥会的参赛人数特别少，大家也不认为那届奥运会特别正统。1936年在德国加米施—帕滕基兴举办第四届奥运会，这是由纳粹德国办的，大家也都不太愿意提起和承认。再之后由于二战的破坏，再没举办过，一直又到了圣莫里茨举办第五届冬奥会。

所以说第二届和第五届冬奥会都在圣莫里茨，这是瑞士作为一个中立国，在欧洲保留了一块净土，保留了一块比赛场地，所以圣莫里茨是历史上第一个"双奥之城"，是两次举办过冬奥会的城市。此后，两次举办过冬奥会的城市还有普莱西德湖——分别于1932年和1980年举办。普莱西德湖的意义，我们在后面还会讲到，那也是中国第一次参加冬奥会的地方；还有奥地利因斯布鲁克，分别于1964年和1976年举办冬奥会。再之后就是第一个真正意义上的"双奥之城"，全球首个既举办夏奥会又举办冬奥会的城市，也就是北京。我们国家昂扬向上、高速发展的势头，使我们能在14年内连办两届奥运会，实现了人类历史、奥运历史上的第一次。

冬奥历史
第一位"双奥"冠军

陈　晨：第三个"第一"是第一位"双奥"冠军。这位"双奥"冠军是美国人爱德华·伊根，获得过 1920 年比利时第七届安特卫普夏奥会的轻重量级拳击项目冠军。12 年后，他仅仅训练三周就参加了普莱西德湖冬奥会的四人雪车项目，担任推车手，又拿到了一枚金牌。伊根的人生非常传奇，他在哈佛大学、耶鲁大学、牛津大学都学过法律，取得了哈佛大学和耶鲁大学的双本科法学学位；二战中，他参加陆军，在战场上被升为上校。所以他是历史上第一个"双奥"冠军。

任永信：关于夏奥、冬奥双栖运动员①，中国曾经想培养张培萌。

---

① 夏奥、冬奥双栖运动员：同时参加过夏季、冬季奥运会的运动员，截至 2022 年北京冬奥会，全世界共有五位"双奥"奖牌得主，其中，美国运动员爱德华·伊根不仅是第一位"双奥"奖牌得主，更是"双奥"金牌得主。

　　陈　晨：张培萌原本从事的项目是田径百米，投身钢架雪车还是挺有优势的，因为雪车和钢架雪车这两个项目都需要快速推车，所以对快速短距离启动能力要求很高。在国际上，有两个特别知名且拿到过世锦赛金牌的选手，和张培萌跨界的项目相同，参加过田径百米和钢架雪车两个项目的世锦赛，他们分别是：泰森·盖伊，男子田径百米中个人最好成绩 9 秒 69，退役后转战钢架雪车；另一位洛洛·琼斯，参加过 2005 年赫尔辛基世锦赛女子 100 米栏项目，同时也是冬奥会钢架雪车运动员。这两个项目都需要短距离爆发力，所以能够实现跨项。我觉得中国也是借鉴了这些经验。

奥运邮票
世界第一套奥运邮票暨第一套体育题材邮票

　　任永信：奥运邮票方面的第一个"第一"是世界上第一套奥运邮票，同时也是第一套体育题材邮票。1896 年第一届雅典奥运会就留下了"邮票拯救奥运会"的佳话。当时由于资金短缺，希腊发行了世界第一套奥运邮票，也是世界第一套体育题材邮票，解了燃眉之急。这套邮票共 12 枚，8 种图案，以古代奥林匹克运动历史为题材，展现了古希腊雕塑作品和建筑，堪称"奥运活化石"。

图 1　世界第一套奥运邮票
发行国：希腊
发行时间：1896 年

陈　晨：当时以集邮的方式集资挽救了第一届奥运会。第一届奥运会的主办权实际上是从法国巴黎手上得来的，顾拜旦曾建议第一届奥运会于 1900 年与世界博览会同时在巴黎举行，借以扩大奥运会的影响，因为顾拜旦爵士是法国人，想为家乡争取第一届奥运会的举办权。但他也觉得奥运会在雅典举办可能更有一种追古的感觉，毕竟雅典以前办过 700 年古代奥运会。不过，最后雅典人凭借自己的初心，表示"即便我们遇到巨大的困难，也要采取多方面募集资金的手段，办好第一届夏季奥运会，让它回家"，所以邮票集资为筹措奥运经费贡献了相当大的力量。

奥运邮票
世界第一套且唯一一套届间奥运① 邮票

任永信：第二个"第一"是世界第一套且唯一一套届间的奥运邮票，就是为届与届之间举行的奥运会发行的邮票。希腊曾经要求奥运会永远在希腊举行，国际奥委会否决了，因为大家不希望永远在一个地方，这样奥运的影响力就有限，一定要让更多的人参与，但同时也同意希腊可以在每届奥运会之间举办届间奥运

---

① 届间奥运：1906 年在希腊雅典举行了一次非正式奥运会，因其处于第 3、4 届奥运会之间，故名为届间奥运。

会。希腊只在 1906 年现代奥运会 10 周年之际举办过一次比赛，虽然这次赛事未被列入奥运会届数序列之中，但留下的邮票却是奥林匹克集邮史上不可缺少的珍品。这套邮票设计精美，一套共14 枚，9 种图案，选自古希腊文物或庙宇壁面的浮雕，涉及古希腊

图 2　世界第一套且唯一一套届间奥运邮票
　　　 发行国：希腊
　　　 发行时间：1906 年

奥运竞赛史和文学艺术等方方面面，令史前奥林匹克艺术再现于方寸之间。从邮票图案能看到，一些运动项目比如长跑、链球等的标志性动作，都跟现代田径动作非常相似。

奥运邮票
世界第一枚冬奥纪念邮票

任永信：第三个"第一"就是世界第一枚冬奥纪念邮票。第一届冬奥会是追认的，所以当时没有发行邮票。第二届冬奥会也只发行了与当年海报图案相同的纪念张，没有面值。直到 1932

图 3 世界第一枚冬奥纪念邮票
发行国：美国
发行时间：1932 年

年第三届美国普莱西德湖冬奥会时，主办国才发行了世界首套冬奥纪念邮票，具有很高的收藏价值。美国普莱西德湖是第一枚冬奥邮票诞生的地方，也是中国第一次参加冬奥会的幸运之地，1980年中国首次参加冬奥会也是在普莱西德湖。当时虽然正值美国大萧条时期[①]，仍然引发了抢购，当天就售出几十万枚。但是据美国集邮协会[②]说，这是一枚错票，因为跳台滑雪[③]运动员在比赛当中不使用手杖，按照这个姿势跳下来的话，运动员会受伤，这是一个错误；第二个错误，由于天气原因，这届冬奥会闭幕日期推迟了，但邮票上的时间仍然是13号，所以时间也是错的。

陈　晨：邮票上滑雪运动员拿了两根雪杖，而且他的雪板不是直的，我们知道跳台滑雪的雪板一般情况下前面的翘角相对来说偏直一些，而且不能拿雪杖。邮票图案上的这个运动员的姿

---

① 美国大萧条时期：是指1929—1933年发源于美国，后来波及整个资本主义世界的经济危机。

② 美国集邮协会：1886年9月14日成立于纽约，是美国全国性的集邮组织，在国际集邮联合会（FIP）和世界性的集邮活动中代表美国。会刊《美国集邮家》是美国的权威集邮杂志。

③ 跳台滑雪：起源于19世纪的挪威，是以滑雪板为工具，在专设的跳台上以自身的体重通过助滑坡获得速度，比跳跃距离和动作姿势的一种雪上竞技项目。

势，说他是自由式滑雪吧，上身有点像，但是雪板太长，自由式滑雪如果是用这种雪板的话，肯定做不了什么大幅度技巧性动作，无论是速度板还是技巧板都不行；高山滑雪也有点像，但是高山滑雪的板头是平直的，因为要切雪，需要快速的滑行，这种翘板在空气力学上肯定会增加阻力，因为空气力学跟雷达反射面一样，特别怕有垂直角，所以雪板绝对不能翘；如果是越野滑雪的话，这个板子也有问题，如果是传统式技术，那么雪板前头翘了后头也得翘，而且中间即脚底的地方要有一个反弓，来帮助在蹬雪过程中能够踏住雪，下面还得有防滑蜡，而这个板的脚底下是直的；如果是自由式滑雪的话，两头一定要平，不能翘起，所以它是一个"四不像"的板，这个错误确实有点离谱。

再补充一个细节，普莱西德湖冬奥会的时候正值大萧条时期，大家都抢购这枚邮票，虽然手里没钱但也抢购。越是大萧条时期骗局越多，比如说当时的庞氏金融骗局就在普莱西德湖冬奥会前后刚破了案，所以当时美国人不知道往哪儿投资保值，一旦出现与增值相关的产品，大家都会疯狂买入。所以当时赶上这枚邮票发行，大家就都去买了。

任永信：另外，这次冬奥会上还有一件趣事，时任纽约州的州长，后来的美国总统罗斯福，也出席了这次冬奥会开幕式。罗斯福从 8 岁开始集邮，后来也非常关心邮票，从内容到设计、印刷都亲自过问，据说过问的邮票达 200 多套，是真正的集邮爱好者，对集邮的感情很不一般。

而且前面说到的"双奥"冠军，在邮票当中也有记载，只是晚了 68 年。1990 年，美国为纪念为国家作出突出贡献的奥运会运动员，发行了一套 5 枚邮票，其中一枚所表现的就是"双奥"冠军伊根。画面中的伊根戴着拳击手套，背景里还有一架飞驰的雪车，如果不了解"内情"，看到夏季和冬季奥运项目展现在一个

图 4　世界第一套"双奥"冠军邮票
发行国：美国
发行时间：1990 年

画面上，可能会很费解，但这表现的正是伊根在夏奥会和冬奥会上分别夺得冠军的项目。

冬奥历史
第一次点燃冬奥圣火

陈　晨：我们现在觉得，奥运会点圣火是必然的环节，但这个传统不是一开始就有的。第一次点燃夏季奥运会火炬是在1920年第七届安特卫普奥运会，但那时候没有圣火采集，也没有火炬传递，火炬也没有单独的设计。真正开始这一系列流程的是1936年德国在柏林和加米施—帕滕基兴举办的冬奥会和夏奥会，圣火在帕特农神庙采集，然后由90多位火炬手传递火炬，最后在开幕式会场点燃主火炬。

加米施—帕滕基兴现在是跳台滑雪的圣地，全球每年四山赛的第二站就在这里举办——第一站是德国奥博斯多夫，第二站是德国加米施—帕滕基兴，第三站是奥地利的因斯布鲁克，第四站是奥地利比绍夫斯霍芬，这是跳台滑雪界号称 Super Bowl（超级碗）的四大联赛。有一部电影叫《飞鹰艾迪》，可以通过该电影了解冬奥会项目，它当时的主要拍摄地，也是著名的跳台滑雪训练圣地，就是在加米施—帕滕基兴。

冬奥历史
第一次滑雪传递火炬

陈　晨：火炬传递固化为传统后，人们开始用不同的方式接力，比如冬泳传递、滑雪传递等。第一次滑雪传递火炬是1952年的第六届奥斯陆冬奥会，当时是在挪威冰雪运动奠基人松德雷·诺德海姆家里的壁炉里点燃圣火，而不是从帕特农神庙点燃，然后由94个人完成火炬传递。

冬奥火炬传递中各种各样的"第一"特别多，比如2010年温哥华冬奥会，单板滑雪运动员在开幕式现场穿越五环，以此突出冬奥会想重点宣传的单个项目；1994年挪威利勒哈默尔再次举办冬奥会的时候使用了降落伞进行火炬传递；再如2006年都灵冬奥会上，人们用威尼斯的贡多拉小船来传递冬奥会火炬；2014年索契冬奥会则实现了第一次用航天火箭把火炬传递上太空；2018年平昌冬奥会是用机器人完成彼此间的传递。今年考虑到疫情背景之下

的人员安全，我们用一种全新的方式——网络隔空传递火炬，这是
2022 年北京冬奥会的特色。

冬奥历史
第一次人工造雪

陈　晨：第一次人工造雪，我们在前面跟大家普及过，历史
上前五届冬奥会，顾拜旦爵士以及当时国际奥委会的创建元老们
都不是特别满意，为什么？就是因为冬奥会受天气影响，如果雪
况不好又没有人工造雪干预，比赛就不好进行；如果雪和风特别
大，比赛就得不断延迟。包括普莱西德湖第三届冬奥会的延迟都
是因为天气。后来冬奥会日程变得比较稳定，是因为有了人工造
雪。第一次人工造雪又是在普莱西德湖，也就是 1980 年正好是
中国队参加冬奥会那年，开始了人工造雪。

关于人工造雪，我们都知道造雪机很像大炮，在赛道固定的
位置喷散出人工雪，以扇形均匀地辐射到它所能覆盖的最全面的
地方。一届冬奥会要用接近 200 个雪炮，一个雪炮成本是 10 万
元，造一次雪的费用是 30 万元，在冬奥会的现场几乎是两三天

就要造一次雪，所以一届冬奥会花费非常之大。因为人工雪是凝结冰晶，雪从哪来？从水里来。水又从哪来？需要搭建固定的像油管一样的导管铺到临近水库，用电力把水引过来，所以人工造雪既费水又费管材还费电，很贵，一般情况下用不起，从20世纪60年代第三次科技革命开始，直到1980年才慢慢具备了人工造雪的能力。所以第一次人工造雪是在1980年的普莱西德湖，美国第二次在普莱西德湖举办冬奥会的现场。

奥运邮票
世界第一套冬奥附捐邮票[1]

任永信：邮票不仅在文化宣传方面作了很多贡献，在经济上也实实在在支持着奥运会。1936年第四届德国冬奥会发行了第一套冬奥附捐邮票，分别是6马克+4马克、12马克+6马克、25马克+15马克，在寄信的同时，一部分钱经由邮政部门捐给冬奥会

---

[1] 附捐邮票：是在邮票的原有面值上另外增加一小部分捐款额，用来为社会公共福利事业筹集基金而发行的附加捐资邮票，也叫福利邮票或慈善邮票，在附捐邮票上，邮资面值和附捐金额的表示方法是：邮资面值+附捐金额。

作为筹办资金，所以叫附捐邮票。瑞士首次举办冬奥会时没有发行邮票，1948 年第二次承办冬奥会时，或许为了弥补缺憾，或者为了补贴家用，减轻政府经济负担，瑞士不但发行了邮票，而且发行了一套四枚附捐邮票。

图 5　世界第一套冬奥附捐邮票

发行国：德国

发行时间：1936 年

陈　晨：从这套附捐邮票票面上看，一个是速度滑冰[①]，有点像大道速滑，就是现在的速度滑冰，不是短道速滑[②]，因为冰刀不够长，有点短；中间这枚红色的是跳台滑雪项目；右侧的邮票画

[①] 速度滑冰：以冰刀为工具在冰上进行的一种冰上竞速运动。在国际体育分类学上属于滑冰运动。它是指在规定距离内以竞速为目的的滑冰比赛，简称速滑，是冬季奥运会的正式比赛项目。

[②] 短道速滑：全称短跑道速度滑冰，是在长度较短的跑道上进行的冰上竞速运动。

面是四人雪车^①项目。

奥运邮票
第一套五环图案邮票

任永信：五环图案第一次使用在邮票上，这是在 1948 年第五届瑞士圣莫里茨冬奥会，与第四届的冬奥会相隔 12 年之久。由于冬奥会是按照实际举行的次数计算，夏季奥运会的次数不受影响。主办国瑞士发行了一套四枚附捐邮票，同时也是奥运五环图案第一次登上冬奥邮票。邮票图案最左边两枚都有五环图案，一个深绿一个深棕，另外两枚分别是冰球^②和高山滑雪^③项目，这是典型的高山滑雪，平直板。附捐邮票面值是 5 瑞士法郎 +5 瑞士法郎，10 瑞士法郎 +10 瑞士法郎，20 瑞士法郎 +10 瑞士法郎，30 瑞士法郎 +10 瑞士法郎，附捐比例还是相当高的。

---

① 四人雪车：雪车也称"有舵雪橇"，是一种乘坐可操纵方向的雪橇在冰道上滑行的运动项目，有单人、双人、四人项目。

② 冰球：是以冰刀和冰球杆为工具在冰上进行的一种相互对抗的集体性竞技运动，由男子和女子两个小项组成，在国际体育分类学上属独立的冬季运动项目。

③ 高山滑雪：是以滑雪板、雪鞋、固定器和滑雪杖为主要用具，从山上向山下，沿着旗门设定的赛道滑下的雪上竞速运动项目。

图6 世界第一套五环图案邮票
　　 发行国：瑞士
　　 发行时间：1948 年

奥运邮票
世界第一套冬奥竞赛场馆邮票

　　任永信：转眼到了 1956 年，第七届意大利科尔蒂纳丹佩佐冬奥会。这届冬奥会上出现了第一套冬奥竞赛场馆的邮票，展现了四座比赛场馆：滑雪跳台、滑雪场、滑冰场、滑冰道。

　　陈　晨：第一枚邮票是跳台滑雪的标准台，第二枚是越野滑雪和冬季两项终点的冲刺直道，第三枚是户外冰场的观众台建筑物，第四枚蓝色的是大道速滑的比赛场地。

图 7　世界第一套冬奥竞赛场馆邮票
发行国：意大利
发行时间：1956 年

任永信：第一枚邮票上的跳台将近 80 米长，功能性是过去旧跳台的两倍，意大利在场馆建筑方面下了很大功夫，而且这次冬奥会首次进行了电视转播。从这点可以看到，冬奥会比夏奥会科技含量要高，因为夏季奥运会实现真正的全球卫星转播，是在 1964 年东京夏季奥运会。

陈　晨：科尔蒂纳丹佩佐是北京冬奥会结束之后的第 25 届冬奥会举办地，也就是 2026 年它将再次举办冬奥会。说到奥运场馆，2008 年我作为北京奥组委成员，印象特别深刻的就是

2008 年场馆邮票，那应该是奥运主题的第三套邮票了，第一套是吉祥物邮票和会徽邮票，在 2005 年夏奥会倒计时 1000 天的时候发行，第二套是以吉祥物形象展示的各个项目动作，第三套就是奥运场馆邮票。这套邮票除了鸟巢、水立方，还有北京大学乒乓球馆、北京工业大学羽毛球场馆、国家击剑中心、国家体育馆、国家体操馆，等等。我们当时说把这套邮票收集齐了就跟集齐神龙一样。

任永信：对，带着邮票到场馆盖戳，在当天寄给集邮爱好者，非常珍贵。

陈　晨：没错，其实国外在这方面仍保留传统，这是我们需要学习和借鉴的。到了一个城市首先要集邮盖戳①，就像我们旅游打卡一样，他们是先给 postcard（明信片）或者邮票盖一个戳。

任永信：我们 2021 年开始发行《集邮日历》，比如说世界文化遗产主题，每一个遗产地都有相应的遗产邮票图案，每到一个遗产地可以在相应页面打卡盖戳，表现何时到过此地的相同场景。

---

① 集邮盖戳：邮戳全称为邮政戳记，对集邮者来说是实寄邮品不可缺少的构成要素之一。集邮盖戳专指印样而不是戳具。

陈　晨：这个特别好，形成小的亚文化圈子以后，作为成员需要有个凭证，不能说集邮圈的老炮和菜鸟手里有同样的票地位就相等，不，我要看你有没有那个戳！

冬奥历史
第一次推出光电拍照计时装置

陈　晨：下一组的"第一"，我想给大家普及一些冬奥小知识。比如以前我们百米赛跑的时候，手动计时，跑道终点设一个台子，所有裁判坐在台子上面，人手一个秒表，给每个跑道掐表。就百米赛跑而言，这种手动计时跟电子计时的差距能差到 0.2 ～ 0.3 秒，而冬奥会上很多速度类项目，比如高山滑雪、短道速滑，要求计算到千分秒位，精确到 0.001 秒才行，那么这就要求换算精准度要至少能覆盖到万分秒位。比赛计时在冬奥会上尤为关键，所以电子计时的出现对体育公平性来说是革命性的保障。那么第一次电子计时是什么时候出现的呢？还有现在我们说的鹰眼，比如这个球是否越位，那个球有没有出线，还有武大靖之前在平昌被谁撞出去了，等等，这些都需要依据终点摄像裁判的录像回放。这些终点摄像又是从哪届开始有的？所有这些技术都是在冬奥会上第一次运用，均早于夏奥会，那就是在 1948 年瑞士圣莫里茨第五届冬奥会上，有"钟表王国"之称的瑞士首次在冬奥赛场上使用了光电拍照计时装置，堪称奥运计时史上一大科技突破。

特别有意思的是，当时短道速滑终点放置的电子计时装置有集装箱那么大，因为当时的电脑特别大、特别笨重，所以计时设备也就巨大无比。从那个时候开始有了电子计时，并且同时配备了终点摄像，这对越野滑雪[①]、速度滑冰项目裁判而言非常重要，因为越野滑雪是箭步冲刺，雪板上面的脚尖先到者取胜，而滑冰项目则是冰刀先过者为赢。这种情况下，裁判想要辨别精确，就得有很多参照，不能只看计时，还要看摄像等。

冬奥历史
第一次出现奥运吉祥物

陈　晨：下一个"第一"对于邮票来说特别重要，因为它的

[①] 越野滑雪：是借助滑雪用具，运用登山、滑降、转弯、滑行等基本技术，滑行于山丘雪原的运动项目。

出现使奥运主题邮票的设计多了一份素材，那就是吉祥物。冬奥吉祥物第一次出现是在 1968 年第十届法国格勒诺布尔冬奥会，首次出现的吉祥物不是特别好看，毕竟大家的审美都有一个提高的过程。当时的吉祥物叫 Schuss，中文音译过来叫雪士，外形有点儿像蝌蚪，头特别大，身子蹲在一个雪板上面呈 S 形，这个设计是为了塑造出滑雪的写意造型。

关于吉祥物其实有很多个第一次，比如第一次出现两个吉祥物是在 1988 年著名的第十五届卡尔加里冬奥会，为什么会出现两个吉祥物？更多原因是当时全球女权运动高涨，一雌一雄两只北极熊凸显出女运动员的重要性。提到女权，那还要说一说女运动员在冬奥会中受关注度和受尊重程度的提升，1956 年科尔蒂纳丹佩佐冬奥会，女运动员第一次代表全体运动员宣誓，这是奥运会历史上的首次。中国第一次举办奥运会的时候，直接就表明了女运动员的地位——2008 年北京奥运会的宣誓运动员是乒乓球"大魔王"张怡宁，她代表所有的中国运动员和女性，向全世界进行宣誓。

冬奥历史
第一个主办冬奥会的亚洲国家

陈　晨：1972 年在日本札幌举办的第十一届冬奥会，是第一次在亚洲国家举办的冬奥会，虽已过去 50 年，但当时这届冬奥会对整个亚洲来说非常重要。1972—2022 年是冬奥真正闪耀亚洲，在亚洲生根发芽、开枝散叶的 50 年，直到 2022 年世界人口第一大国、世界冬季运动第一大市场——中国加入冬奥大家庭，让亚洲也开始举办冬奥会。

举办冬奥会就像给一个国家冬季运动的发展注入催化剂，能令冬季运动不断进步。日本从 1928 年开始参加冬奥会，截至 1972 年，仅在 1956 年科尔蒂纳丹佩佐拿过一枚银牌；而 1972 年代表整个亚洲举办了冬奥会后，日本开启了收获奖牌之路，那届冬奥会共 6 个大项、5 个小项，而日本首次获得冬奥会金牌标志着日本国家队成为雪上运动亚洲强国的代表。当时的日本跳台滑雪队堪称世界顶级，包揽了这届冬奥跳台滑雪的金、银、铜牌，笠谷幸生获得金牌，金野昭次获得银牌，青地清二获得铜牌。此后日本在跳台滑雪项目中涌现出无数英雄，都创造了世界纪录，尤其是葛西纪明，从 1992 年至 2018 年参加了 8 届冬奥会，是冬奥会历史上参赛次数最多的运动员，这也是他所创造的世界第一。本届冬奥会跳台滑雪的夺冠大热门——日本选手小林陵侑，也在"雪如意"闪耀登场，还有女子选手高梨沙罗也曾经多次排名世界第一。

我举这个例子是想说明，举办一届冬奥会能够强烈刺激和推进中国冬季运动的发展。日本在 1928 年到 2018 年共 21 届冬奥会上一共获得 14 块金牌、22 块银牌和 22 块铜牌，总计 58 块奖牌，位列世界奖牌榜第十六。中国在举办冬奥会之前就获得了 13 块金牌、28 块银牌和 21 块铜牌，总计 62 块奖牌，比日本的国际排名高出了三位，所以在举办冬奥会之前，中国的冬季运动发展已经做好了充分准备。而且从 2018 年到 2022 年，短短四年间，无论平昌冬奥会、东京夏奥会还是北京冬奥会，整整三届奥运会圣火都雄踞亚洲，也希望中国通过此次举办冬奥会把奥林匹克精神在华夏大地推向顶点。即便是面对疫情的压力，我们依然开门迎客，让地球村的村民们、五洲四海的朋友们都能来到中国，继续用体育精神在疫情期间带领我们不断向前看，向着更好的目标、更好的未来去努力。尤其是这四年的奥运周期，"中日韩"三兄弟都是中华文化圈的成员、是黄种人的代表，向世界冬季运动的制高点昂首阔步，这代表了我们在体育竞技方面也是毫不示弱的。通过体育，我们可以让世界看到中国国力的兴盛，以及整个亚洲的崛起。

奥运邮票
世界第一枚冬奥小型张

图8　世界第一枚冬奥小型张

发行国：罗马尼亚

发行时间：1964 年

任永信：第一枚冬奥小型张不是主办国发行，而是非主办国罗马尼亚为 1964 年第九届奥地利因斯布鲁克冬奥会发行的。这枚邮票以深邃的蓝色为底，白色的场馆建筑仿佛覆盖着冰雪。小型张左上角是当年冬奥会会徽，由奥运五环和因河大桥组成。因斯布鲁克意为因河上的桥，这座城市因桥得名。还有一个小花絮，这届冬奥赛事中，意大利选手蒙蒂在双人雪车起滑过程中，发现对手英国人的雪车螺栓出了毛病，就把自己雪车的螺栓拧下来借给了他的对手。蒙蒂虽然最终只获得铜牌，但因其团结奉献的体育精神而被授予了顾拜旦奖章。爱出者爱返，所以他得这个奖牌受之无愧。

奥运邮票
中国第一套冬奥邮票

任永信：中国第一次参加冬奥会是在 1980 年第十三届美国普莱西德湖冬奥会，这是 1979 年中国恢复在国际奥委会合法席位后，首次参加冬奥会。1980 年 2 月 13 日，中国邮政在赛前一天发行了《第十三届冬季奥林匹克运动会》纪念邮票，设计者是邹建军，这是我国首套冬奥主题邮票，更是我国发行的首套奥运会主题邮票。第 1 枚上的中国奥委会标志是首次出现在邮票上，另外 3 枚分别表现速滑、花样滑冰和滑雪。

（4-1）中华人民共和国奥林匹克委员会会徽

（4-2）速滑

（4-3）花样滑冰

（4-4）滑雪

图 9　中国第一套冬奥邮票

发行国：中国

票名：J.54　第十三届冬季奥林匹克运动会

设计者：邹建军

发行时间：1980 年 2 月 13 日

奥运邮票
世界第一枚冬残奥邮票

任永信：1984年第三届因斯布鲁克冬季残奥会①发行了第一枚冬季残奥会邮票。邮票以淡蓝色为主色调，主图是一名独腿的残疾人滑雪运动员从高山速降而下，右侧为会徽。邮票另加邮资金额的一半作为附捐金额，所获资金全部作为举办冬季残奥会的经

图 10　世界第一枚冬残奥邮票
　　　　发行国：奥地利
　　　　发行时间：1984 年

---

① 冬季残奥会：1976 年，冬季残奥会创办，这是对肢残、截瘫和视觉障碍运动员开放的世界最高水平的冰雪体育盛会，也是国际奥林匹克运动的重要组成部分。运动会每四年一届，早期为自由申办，从 1992 年第五届起由冬奥会举办城市承办。中国残疾人冬季运动起步较晚，在 2002 年美国盐湖城冬季奥运会上，中国体育代表团首次参赛。

费，这也是首枚冬季残奥会附捐邮票。那年还是中国夏季奥运会的首金诞生之年。

冬奥历史
中国第一次参加冬奥会

陈　晨：新中国第一次派代表团参加冬奥会是 1980 年在美国普莱西德湖举办的第十三届冬奥会。当时是中美关系"蜜月期"，那一年对于中国滑冰滑雪来说特别有纪念意义。当年我们都要去参加冬奥会了，却还没有协会，我们的滑冰协会是在那次参赛之后，也就是在当年成立的，滑雪协会则是在 1981 年才成立，地址是在中关村南大街 45 号。所以在没有协会的情况下，中国冰雪人就已经开始迈入冬奥会的赛场，这本身就是一个非常具有开拓性的壮举。所以对于普莱西德湖冬奥会来说，中国国家队实现了第一次，体现了中国冰雪人代表中国体育昂首阔步，战斗在冲锋一线的精神。第十三届冬奥会共 37 个代表团 1072 个人参加，38 个小项。

冬奥历史
中国第一次实现奖牌零突破

陈　晨：1992 年法国阿尔贝维尔冬奥会，当时也是夏季奥运会和冬季奥运会同年举办的最后一次。这届奥运会中叶乔波在速度滑冰女子 1000 米和 500 米比赛中斩获 2 枚银牌，中国第一次实现奖牌零突破。中国选手李琰，也是现国家滑冰协会主席，在女子 500 米短道速滑比赛中摘得一枚银牌。中国在 1980 年首次参加冬奥会的时候，冰雪运动水平与世界差距很大，经过 12 年的努力，在这届冬奥会上终结了冬奥会无奖牌的历史。

冬奥历史
中国第一次实现金牌零突破

陈　晨：获得奖牌之后不断地积累，其实就是为了把它换成金色。这个过程当中，别看只差一个字，塔尖上的争夺才是最难的，我们的金牌来之不易，男子运动员的金牌获得更难。我们都知道大杨扬在第 19 届美国盐湖城冬奥会女子短道速滑 500 米决赛中赢得中国第一枚冬奥会金牌，实现了中国 50 年来参加 7 届奥运会金牌零突破；第一枚男子项目金牌是 2006 年韩晓鹏在都灵冬奥会男子个人空中技巧①决赛中实现的，他以极致的表现战胜了当时白俄罗斯的达辛斯基。韩晓鹏这枚金牌更加不容易在哪呢？当时两轮动作成绩相加，我们第二轮动作的难度系数低于对手，就是说对手只要做成之后，起评分就高，我们是在起评分低的情况下，由于动作做得比较完美，才反超了一点点，最后站到了领奖台的最高点。所以对于韩晓鹏来说，当时也是特别不容易。

其实在此之前，中国只差一点就能取得金牌，那是在 1998 年的长野冬奥会上。现在备战二部的训练部部长李佳军指导，当时他在短道速滑男子 1000 米的比赛中面对的是韩国选手金东圣，他全程压制得金东圣毫无还手之力，但是在最后直道冲刺的时候，对方的冰刀鞋先过了线。因为从那届冬奥会起，国际滑联采取了一个新规则——不允许健步冲刺，这样中国在冲刺技术动作方面就出现了问题：不能这样冲刺，那是不是只能身体尽可能靠

① 空中技巧：空中技巧一般指自由式滑雪空中技巧。运动员要在规定的时间里，完成技术动作力求完美地将自己的特点展现给观众和裁判员。

前？但是韩国队他们绞尽脑汁琢磨，怎么在失利的情况下赢，你不是身体靠前吗？咱是靠冰刀取胜的，那我就把脚往前捅，他采取了这样一种冲刺方式，而这种冲刺方式从金东圣做出来以后，直到现在，都成为短道速滑的标志性冲刺方式：头往前低一点，让身体折叠起来后，脚尽可能往前伸，脚过线就赢了。最后韩国选手赢了李佳军一个刀尖，不然那次中国已经赢得金牌了，这同时也提醒了中国队，要想拿金牌，就必须把每个细节做到极致。佳军指导的这个遗憾，一直到 20 年后，武大靖才真正实现在短道速滑上金牌的突破，代表中国短道速滑男子队取得了这个荣誉。

所以北京冬奥会比赛第一天，男女混合短道速滑 2000 米接力是我们的夺金大项。因为第一块奖牌、第一块金牌，都是金字塔堆积起来的，现在金字塔的塔基塔身都堆好了，就要看这次的塔尖，看看后人踩在前辈的肩膀上能达到一个什么样的高度。

这就是我们最后的三个"第一"：第一次参加冬奥会，第一次拿奖牌，第一次拿金牌，这些积累都是运动员们为了在自己家门口举办的这个特殊的北京冬奥会上，在同胞面前、在父老乡亲面前，给我们带来最为震撼的表现！

任永信：我们看冬奥会，最愿意看短道速滑，因为它速度快，冲击力强，还考验彼此之间的配合；再就是变数和悬念极大。

陈　晨：对，也许你是短道夺冠大热门，但是有可能先被挤出去，或者说稍微有一点卡刀没卡住就摔出去了，就再也没机会了。谁也不敢说我今年实力强，我一定能拿金牌，赛场千变万化，这也是为什么咱们的短道速滑运动员被称为刀锋战士，真的是赛场如战场。

奥运邮票
世界第一套冬奥视频邮票

任永信：非主办国荷兰为 2006 年第 20 届意大利都灵冬奥会发行的名为"奔向金牌"的邮票，采用了半圆柱光栅蒙片材质，两枚邮票分别展现的是金牌男运动员申克和金牌女运动员范詹妮普的冰上英姿。这枚小全张采用了当时最先进的视频技术，故荷兰邮政称之为"视频邮票"。这种技术能将视频信号逐帧激活并加以链接，运用在邮票印制中就能使图案呈现出视频图像的动感效果，可以欣赏到运动员在冰面上持续滑行的效果。

图 11　世界第一套冬奥视频邮票
发行国：荷兰
发行时间：2006 年

陈　晨：冰迷们一看荷兰的邮票就想到肯定是速度滑冰，荷兰作为速度滑冰第一大国，全世界最先进的冰刀都是荷兰生产的。这次大家也可以关注短道速滑的舒尔婷，她绝对是夺冠达人。

奥运邮票
世界第一套二维码邮票

任永信：在 2014 年第 22 届俄罗斯索契冬奥会上出现了二维码邮票。在开幕式倒计时 500 天的时候，俄罗斯邮政发行了这枚二维码邮票，通过扫描二维码就可以登录冬奥会网站。现在扫描这枚邮票上的二维码，仍然有效，可以链接到国际奥委会官网，页面内容是 2022 年北京冬奥会的介绍。

图 12　世界第一套二维码邮票

发行国：俄罗斯

发行时间：2014 年

奥运邮票
第一套联合国邮政发行的冬奥邮票

任永信：联合国邮政管理局在 1 月 14 日为纪念 2022 年北京冬奥会特别发行《体育促进和平》邮票 1 套共 12 枚。分别展现冰球、单板滑雪、花样滑冰、雪车、冰壶以及高山滑雪运动员形象。这是联合国首次为冬奥会发行邮票，体现了联合国对冬季体育运动的重视，更主要的是对中国国际地位提升的认可。邮票图案色彩和谐，通过 6 幅运动场景凸显运动魅力。

图 13　联合国首次发行冬奥邮票《体育促进和平》

发行：联合国邮政

发行时间：2022 年

陈　晨：这套邮票基本覆盖了 2022 年冬奥会所有赛区：冰球、花滑、冰壶和雪车在北京，单板滑雪在河北张家口，基本上涵盖了三大赛区项目。

主持人：两位嘉宾分别讲述了冬奥历史和奥运邮票史上的 12 个"第一"，加在一起是 24 个"第一"，这有什么寓意吗？

任永信：其实冬奥历史和奥运邮票史还有很多个"第一"，比如 1908 年第四届英国伦敦奥运会，首次规定开幕式上各代表团统一服装，也是在这次奥运会上第一次出现了花样滑冰冬奥项目。24 个"第一"，正好是北京冬奥会的届次——第 24 届冬奥会；同时，一年有 24 个节气，一天有 24 个小时，首届冬奥会 1924 年举办，第 24 届冬奥会在 2 月 4 日开幕，还是节气中的立春日，一元复始万象更新。这么多的巧合让大家对本届冬奥会更为期待！

陈　晨：大家都很期待这次开幕式，因为 2008 年开幕式已经呈现过很多中国特色，有四大发明、击缶、画轴、郑和下西洋、飞天等，神话和历史全都有了，那这次冬奥会展现什么呢？所以对于艺谋导演来说，这次开幕式用什么，我们猜测肯定要用 24 节气。

任永信：对，我们押宝开幕式一定会使用 24 节气元素。正好当天又是立春，打头头一天，中国人过年，头一定要开好，万事开头难，做事开门红。所以"24"这个数字，就再次对应上了。

陈　晨：我们期待着下一个 24 节气，期待一个更绚烂的、更有盼头的、团结的未来，一起期待，一起向未来。

集邮
电台

PART 2
从邮票之"最"到场馆之"最"

◆引　言：

　　冬奥遗产中能被记住的很多，但是从文化的角度令人印象最深刻的有两个，一是邮票：邮票是世界表情、国家名片，看得见、摸得着、买得起、带得走、记得住、用得好，奥运邮票就是一部浓缩的奥林匹克拼搏史；二是建筑：建筑是凝固的艺术、城市的灵魂、民族的精神，奥运建筑是文明的传承、活动的见证，设计师赋予了它灵动的生命。本期嘉宾任永信、郑方将讲述从邮票之"最"到场馆之"最"的故事。

◆嘉宾介绍：

　　任永信：全国"五一劳动奖章"获得者、资深集邮文化学者。

　　郑　方：2022 年北京冬奥会国家速滑馆、国家游泳中心冰壶赛场设计总负责人，北京交通大学建筑与艺术学院教授。

◆**对谈内容：**

　　主持人：中国邮政至今发行过多少套与奥运相关的邮票?

任永信：奥运牵动着亿万人的心，夏奥会到冬奥会，从"同一个世界，同一个梦想"到"一起向未来"，无不体现我们的制度优势，举全国之力办大事的能力。本届冬奥会恰逢春节，疫情肆虐，如何更安全、更团结、更精彩，尤为重要。说到邮票，中国邮政至今发行过 28 套 88 枚与奥运相关的邮票，其中冬奥纪念邮票① 共 5 套 18 枚。为了方便记忆，我们通过几组之"最"，欣赏其中最具代表性的邮票。

一是"最远"与"最近"

"最远"就是我国首套冬奥题材邮票，1980 年发行，距今已 42 年。中国第一次参加冬奥会是在 1980 年第 13 届美国普莱西德湖冬奥会，这是 1979 年中国恢复在国际奥委会合法席位以后首次参加冬奥会，为此中国邮政在 1980 年 2 月 13 日发行了第 13 届冬季奥林匹克运动会的纪念邮票，设计者是邹建军。巧合

---

① 冬奥纪念邮票：纪念邮票是为纪念国内和国际的重大事件、著名人物以及其他值得庆祝、纪念或广为宣传的事物而发行的一种邮资凭证。简称纪票。冬奥纪念邮票顾名思义就是为纪念冬奥专门发行的邮票。

的是，世界第一枚冬奥会邮票发行于 1932 年第 3 届美国普莱西德湖冬奥会，中国在 1980 年发行的这套冬奥题材邮票也是在美国普莱西德湖。这是我国首套冬奥题材邮票，更是我国发行的首套奥运题材邮票，中国奥委会的标志和奥运项目首次出现在邮票上，呈现了速滑、花样滑冰①和滑雪项目。

（2-1）共向未来　　　　　　　　　（2-2）希望之光

图 14　2022-4《第 24 届冬季奥林匹克运动会开幕纪念》邮票
　　　　设计者：王虎鸣
　　　　发行时间：2022 年 2 月 4 日

"最近"的邮票是 2022 年北京冬奥会开幕纪念邮票。这套邮票，图一表现本届冬奥会会徽，采用了激光、全息、猫眼、

---

① 花样滑冰：冰上运动项目之一，是一项滑冰和音乐、舞蹈艺术相结合的竞赛项目。

浮雕等工艺，立体感很强；图二采用了激光、全息、衍射、冷烫工艺，突出雪花台的立体感、火苗的跃动感。雪花晶莹剔透，天空清澈深邃，光源下的邮票画面，七彩流光、丰富唯美，科技感、现代感跃然方寸之上。

　　此外还要介绍一下 2021 年 6 月 23 日发行的冬奥场馆邮票。邮票表现了首钢滑雪大跳台、冰立方、雪游龙①、冰丝带等，设计者是郭志义，小型张设计者是代依莎和郭志义。很多人会有疑问，像场馆这样立体的形态、繁复的设计，在平面的邮票上怎么展现呢？其实场馆和邮票，不同的载体，相同的精彩，这得益于建筑设计者的匠心，以及邮票设计师精益求精的追求和邮票印制日新月异的工艺材料。邮票虽然是平面设计手法，但是画面构图饱满，色彩丰富具有变化，尤其是小型张"冰丝带"，这是我国第一枚椭圆形邮票。有以下特点：一是一图双景，采用全真彩印刷方式，在一枚邮票上实现了昼夜兼容、虚实结合的视觉效果，为观赏者提供了视觉盛宴；二是完美再现，

---

① 雪游龙：国家雪车雪橇中心别名，位于北京市延庆区西大庄科村，作为雪车雪橇比赛场地，是中国国内第一条，也是唯一一条符合冬奥会标准的雪车雪橇赛道。

（4-1）首钢滑雪大跳台

（4-2）国家游泳中心

（4-3）国家跳台滑雪中心

（4-4）国家雪车雪橇中心

小型张 国家速滑馆

图15 2021-12《北京2022年冬奥会——竞赛场馆》邮票

邮票设计者：郭志义

小型张设计者：代依莎、郭志义

发行时间：2021年6月23日

首次采用了光刻技术，真实再现场馆玻璃在阳光下晶莹剔透、在夜晚灯火辉煌的流动感和韵律感，从不同角度观看场馆，都宛如一条飘动的冰丝带，22条冰丝带代表举办北京冬奥会的年份，也就是2022年；三是绿色共享，使用"冰丝带"场馆玻璃外墙的边角料，运用现代技术研磨成30～50微米的颗粒，掺入红色油墨，采用凹版印刷的技术印上红色体育图标，用手触摸邮票也有明显的沙砾感，所以每一位买到这枚邮票的朋友，同时也拥有了"冰丝带"的一部分。

主持人：邮票的"最远"与"最近"中都提到了速滑项目和速滑场馆。请郑方老师介绍一下国家速滑馆"冰丝带"的特色。

郑　方：我第一次看到"冰丝带"这枚邮票就特别喜欢，因为从邮票上能看见印刷的炫彩的建筑立面，比我们建筑师最初画效果图的时候看起来更生动、更立体，还有闪亮的印刷油墨的技术，令人印象深刻。所以后来"冰丝带"邮票就成为我们场馆团队和"冰丝带"设计建设团队的官方礼品了。

刚才任总介绍，同一枚邮票里面还包含了夜景的彩蛋，这是非常意想不到的设计。我印象最深的有两个地方，一是这是我国第一枚椭圆形邮票，建筑本身就是一个椭圆形平面的建筑，为什么会选择这样一个形状呢？因为我们大道速滑、速度滑冰的冰场就是由直道和弯道构成的接近椭圆的形状；二是在这么小的方寸之间，集成了这么多创新的科技，就和"冰丝带"的设计一样，充满了科技、智慧和绿色技术。我感觉到，在最小的方寸之间，和一个真实的巨大场馆之间那种科技、创新的力量共鸣，这也是我特别喜欢这枚邮票的原因。

任总刚才说到了"最远"和"最近"，"最远"的邮票里面有速度滑冰项目，"最近"的邮票里面有"冰丝带"。说到"最"，冬奥场馆里面也有很多历史上的第一次，还有很多世界之最。我就来介绍"冰丝带"里面的几个世界之最。

第一个世界之最，是世界上最大规模的单层双向正交索网结构。因为"冰丝带"下面有一个周长 400 米的非常大的冰场，需要覆盖这样一个冰场，把它做成室内的体育馆，就催生了世界上最大规模的单层双向正交索网结构。这听起来是一个非常专业的名词，大概意思是把非常高强度的钢索编织成一张网，就好像是一个巨大的网球拍，这个网球拍长 200 米、宽 130 米。这样一个世界最大的钢索屋顶体育馆，给"冰丝带"带来了非常多的科技挑战，所以我们很多科学家和工程师一起做了大量计算、模拟和实验，才能够在现场去建造这样一个建筑。

第二个世界之最，是世界上第一个二氧化碳直冷制冰系统，这听起来也是一个比较专业的建筑术语。传统上我们制冷，比如家用空调机，是用氟利昂来制冷的。但是氟利昂是我们现在面临的气候问题中非常大的一个影响因素，就是我们平常说的温室气体排放。所以北京冬奥会的场馆，从"冰丝带"开始，采用目前世界上最先进、最环保的二氧化碳直冷制冰系统。同等比较的话，"冰丝带"采用二氧化碳作为制冷剂，它在温室气体排放、碳排放方面，只有传统含氟制冷剂的不到三百分之一。

任永信：这也就是践行了绿色办奥的理念[1]。

---

[1] 办奥的理念：要坚持绿色办奥、共享办奥、开放办奥、廉洁办奥的理念，突出科技、智慧、绿色、节俭特色。办好北京冬奥会、冬残奥会，是中国向国际社会作出的庄严承诺。

郑　方：对，因为北京冬奥会有碳中和[①]的目标，所以我们也把减少温室气体排放、减少碳排放落实到场馆的每一个细节里，所以刚才就提到了"冰丝带"里面的两个之"最"了。

第三个世界之最，就像这张邮票印刷的一样，它有闪亮夺目的冰丝带立面，这个立面包含了我们在建筑里面所使用的、目前最具挑战的玻璃工艺，它有弯曲、钢化、夹层以及保温的功能，在丝带表面还印刷有中国传统的冰花图案，这也是一个"之最"。

除了"冰丝带"，其他的竞赛场馆中也有"之最"。我从2003年开始服务北京奥运会建筑设计，负责5个竞赛场馆：有国家游泳中心，就是大家非常熟悉的"水立方"；国家网球中心，就在"冰丝带"的北侧，它们是相邻的；还有另外几个临时的赛场，是2008年夏奥会的场馆。这次冬奥会，我负责"冰丝带"新建场馆和"水立方"改造冰壶赛场这两个场馆的设计工作。说起"水立方"，大家都非常熟悉，这里面也

---

① 碳中和：节能减排术语。碳中和是指国家、企业、产品、活动或个人在一定时间内直接或间接产生的二氧化碳或温室气体排放总量，通过植树造林、节能减排等形式，以抵消自身产生的二氧化碳或温室气体排放量，实现正负抵消，达到相对"零排放"。

有很多"之最"：2008年建成的时候，它是世界上最大规模的ETFE^①，就是大家看到的像蓝色水滴一样的外墙，这是一种充气膜结构，有点像塑料布。这种充气结构，使"水立方"在建成的时候，成为世界上同类使用这种材料的建筑中规模最大的室内场馆。当然，"水立方"也是2008年夏季奥运会中打破世界纪录最多的一个场馆。

这套冬奥场馆邮票包括了北京赛区、延庆赛区、张家口赛区三个赛区最精彩的场馆，从邮票也能看到我们在场馆里注入的丰富内涵。对于"冰丝带"和"冰立方"这样新建和改造的冰上场馆来说，它是充满科技、创新、智慧的场馆。对于延庆赛区来说，延庆小海坨是一个风景秀丽的山林，雪车雪橇中心和国家高山滑雪中心就采用了"山林场馆，生态冬奥"的设计理念，这里面包括对环境实现最小的影响，以及和原有地形做最好的结合

---

① ETFE：一般指乙烯—四氟乙烯共聚物，是最强韧的氟塑料，它在保持了PTFE良好的耐热、耐化学性能和电绝缘性能的同时，耐辐射和机械性能有很大程度的改善，拉伸强度可达到50MPa，接近聚四氟乙烯的2倍。ETFE膜的发展使得大跨度张拉膜结构保温性能大大提高，半透明、光线充足且保温良好的柔性外墙及屋顶已经变成现实，膜结构幕墙前景是采用ETFE膜。

等。雪车雪橇中心是由我的同行、中国设计院的李兴钢大师团队设计的。我们在邮票上也能看到小海坨的森林和雪车雪橇中心融合在一起，表达得非常完美。

此外，邮票上的首钢滑雪大跳台和张家口赛区的国家跳台滑雪中心也各有特色，首钢滑雪大跳台原来是北京的一个钢厂，通过全新的冬奥功能将体育内涵注入工业区，成为时尚和现代相融合的一个公园，也代表了北京高质量发展的方向。

二是"最多"和"最少"

任永信："最多"就是在国外举办的奥运会题材邮票中枚数最多的一套，是1984年第23届美国洛杉矶奥运会。这是中国重返奥运会赛场之后第一次派代表团参加夏季奥运会，许海峰夺得第一枚金牌，实现了中国奥运金牌零的突破，至今令人印象深刻。这次奥运会中国邮政发行了《第二十三届奥林匹克运动会》纪念邮票，设计者是卢天骄，我国第一位女性邮票设计师。这是我国第一套夏季奥运会纪念邮票，也是迄今为止在国外举办奥运会题材邮票中，枚数最多的一套。表现了6个比赛

（6-1）射击

（6-2）跳高

（6-3）举重

（6-4）体操

（6-5）排球

（6-6）跳水

小型张　走向世界

图16　J.103《第二十三届奥林匹克运动会》邮票

设计者：卢天骄

发行时间：1984年7月28日

项目：射击、跳高、举重、体操、排球、跳水。最令人称奇的是，这 6 个项目中，除跳高以外，其他 5 个项目都获得了金牌。特别是第一枚射击邮票，编号也是 1，与许海峰摘金的事实相映成趣。另外中国女排、体操王子李宁都在这次奥运会上摘得金牌。

图 17　2008-18《第 29 届奥林匹克运动会开幕纪念》邮票
　　　　设计者：张艺谋、陈名杰
　　　　发行时间：2008 年 8 月 8 日

"最少"是 2008 年北京奥运会开幕纪念邮票，谁设计的呢？张艺谋。大家都知道张艺谋是总导演，但是不知道张艺谋从这时起开始设计邮票。邮票画面采用横式画中画的艺术形式设计，在红蓝主色调浸染的鸟巢俯瞰背景图案上方，浪漫地飘荡着一幅巨型的《日月山川图》中国写意山水画。这幅画是开幕式表演中，由参加开幕式的运动员和演职人员共同完成的，题目叫《美好的家园》。本来张艺谋设定这幅画在圣火点燃以后腾空飞起，但是因为种种原因，只能在中国邮政的邮票画面上实现腾空。这是中国邮票中，第一套由奥运会开幕式总导演参与设计的奥运会开幕纪念邮票，也是世界奥林匹克史上第一套由奥运会开幕式总导演参与设计的奥运会开幕式纪念邮票，这套邮票的发行，使得张艺谋除了导演、摄影师之外，多了一个邮票设计师的新身份，2009 年 10 月 1 日，张艺谋与陈名杰又共同设计了《中华人民共和国成立六十周年》纪念邮票。

郑　方：任总说起邮票里面的"最多"，我想到"水立方"里面也有很多"最多"。2008 年北京奥运会，这里成为打破世界纪录最多的场馆，世界各国的运动员 24 次刷新了 21 项世界纪录，所以"水立方"的游泳池就成为世界上最"快"的游泳池。

（4-1）开国大典

（4-2）改革开放

（4-3）港澳回归

（4-4）奥运盛典

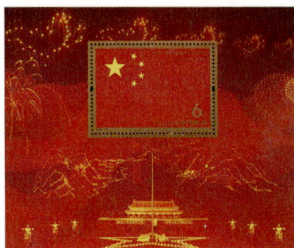

小型张　祖国在我心中

图18　2009-25《中华人民共和国成立六十周年》邮票
　　　设计者：张艺谋、陈名杰
　　　发行时间：2009年10月1日

主持人：2008 年的"水立方"在 2022 年成为"冰立方"，同一个建筑在两届奥运会和两届奥运会邮票上都有呈现，是双奥场馆。请郑老师介绍一下从水到冰的过程是如何实现的。

郑　方：当然它不像我们直接把水冻成冰那么简单。我也搜集了自己参加设计的所有的这些场馆邮票，从 2008 年夏奥会竞赛场馆中的"水立方"邮票，到 2022 年冬奥会发行的"冰立方"邮票，对于我们场馆设计者和建设者来说都是非常大的鼓舞。

从水到冰，这里面非常好地包含了北京冬奥会"可持续"的理念，为什么这么讲呢？北京冬奥会以"可持续地利用 2008 年原有的场馆"作为一个非常重要的特色，所以北京赛区冰上项目里只有"冰丝带"一个新建场馆，其他场馆都是由 2008 年场馆改建来的。由于"水立方"在 2008 年是打破世界纪录最多的一个地方，所以它就成为我们的场馆团队、所有参加 2008 年奥运会游泳、跳水比赛的运动员，以及每一个市民、每一个经历过 2008 年奥运会的人心中非常珍贵的记忆，这个游泳池非常重要。可是传统上的冰壶比赛，尤其是冬奥会的冰壶比赛都是在永久的冰场，通过在混凝土地板上制冰来实现，这样才能保证冬奥会冰壶冰场的质量，所以在我们申办场馆的时候，起初也考虑在"水立方"里建造一个永久冰场。但到我们团队申办成功后，非常认真地去审视这个课题的时候，大家共同觉得，如果这个世界上最"快"的游泳池，通过混凝土工程建造成为一个永久的冰场，使"水立方"失去游泳池的功能，这是难以想象的——因为水是"水立方"的灵魂，它的使用功能从创造世界纪录的游泳池到小朋友的游泳池，都有覆盖。它的内涵应该是关于水的建筑，它的建筑外观就像大家在邮票上看到的，像蓝色的水滴一样，也是和水有关系的，甚至它的建筑结构，大家看到的表面多边形的样子，也是和水有关系的设计——这被称为开尔文猜想[①]，大家有兴趣的话可以继续去研究这个数学理论，它有非常深刻的自然界的内涵在里面，所以"水立方"不能失去水的内涵。

　　于是在冬奥会筹办开始后，我就和"水立方"团队，尤其是"水立方"运行团队杨奇勇总经理以及几位科学家，在 2016 年 4

---

① 开尔文猜想：1887 年，开尔文提出了著名的"开尔文猜想"：如果将三维空间细分为若干个小部分，保证接触面积最小，这些细小的部分应该是什么形状呢？这个问题引发了人类对完美空间的不倦追求。

月相约到瑞士的巴塞尔。当时是去看世界男子冰壶锦标赛，在那里拜访了世界冰壶联合会主席凯特·凯斯内斯——一个非常睿智的主席，还有世界冰壶联合会的官员。我们由此理解了传统上冰壶比赛对冰场非常高、非常严格的标准，同时我们也向凯特主席和冰壶联合会的官员汇报了"水立方"原有的传奇的游泳池，以及我们希望测试通过一个可转换的方式——既能够在冬天的时候作冰场，又能够在夏天的时候作游泳场馆的一个初步的想法。虽然这个想法和冬奥会传统的冰壶比赛场地会不一样，大家都会面临技术上的挑战，但为了交付一个精彩的冬奥会，大家愿意共同去面对这个难题。凯特主席和技术官员们当时就同意了，说：你们还有 5 年的时间可以准备，只要在这 5 年里有足够的科技手段能够达到我们冬奥会的冰场性能要求，那这件事情可以从现在开始尝试；但是如果这些实验不成功，要马上回到传统的冬奥会冰壶比赛场地方案上。我们就带着这样一个承诺从巴塞尔回到北京，和很多科学家——来自清华大学、哈尔滨工业大学、同济大学，一起做实验，来解决从游泳池转变成冰壶场地所面临的一系列的技术挑战。包括从游泳池的高温高湿环境到冰场的低温干燥环境，还要全面提升"水立方"的智慧运行和管理性能，同时我们还有全新的机会来提高观众观赛和电视画面观赛的体验等一系列的挑战。通过这些年的不断的实验测试，包括几次比赛测试、实地测试和检验，才形成了今天我们为冬奥会所准备的冰场。

任永信：从水到冰，不单纯是加两点水的问题，更体现了设计者的匠心，最主要的是在奥运会开始之前就考虑到之后场馆再利用的问题，真正体现了我们"绿色办奥"的理念，资源再利用。

郑　方：北京冬奥会是以"可持续"作为核心特点的冬奥会，相信也会为未来奥运会、冬奥会的持续举办创立一个在场馆建设方面的典范。

任总还说到了"最少"，在场馆建设里面，邮票上的这些场馆其实也有一些地方是在尽力做到最少。我举两个例子。一个例子是"冰丝带"的屋顶，因为它是一个非常大的屋顶，差不多2万平方米那么大，要跨过这么大的空间，我们选择使用效率非常高的钢索结构，目的是用最少的钢来跨过这么大的空间，通过节省材料来降低对环境的影响，这也是我们北京冬奥会"可持续"和碳中和总体目标在场馆方面的表现。当然了，还有一些是我们尽可能少的，那就是尽可能地少用材料、尽可能地少排放温室气体和二氧化碳。

主持人：有种说法："冰丝带"的冰是"最快"的冰，是绿色的冰。请问是否有"最快"的邮票？

三是"最快"与"最慢"

图 19　特 10-2015《北京申办 2022 年冬奥会成功纪念》邮票
设计者：夏竞秋
发行时间：2015 年 7 月 31 日

任永信："最快"的邮票就是冬奥会申办成功纪念邮票，它的发行是最快的。2015 年 7 月 31 日 17 点 57 分，国际奥委会主席巴赫拆开信封，宣布北京成功获得举办 2022 年第 24 届冬奥会举办权。紧接着中国邮政就在现场举办了北京申办 2022 年冬奥会成功纪念首发式，申办成功后第一时间发行邮票铭记了中国奥运史上的这一历史性时刻。这套邮票是夏竞秋设计的。

郑　方：这套邮票可以算是秒发了。

任永信：对。我们当时两手准备，成功怎么办？不成功怎么办？对邮政部门来说，事先要做很多准备工作。如果不成功，比如说 2000 年那次申办不成功，邮票有没有准备？也要准备，国家有重大事件，邮票都要参与。这是"最快"。

"最慢"的邮票，就是受新冠肺炎疫情的影响，原定于 2020 年举行的日本第 32 届夏季奥林匹克运动会推迟到 2021 年举行，推迟了一年。所以《第三十二届奥林匹克运动会》纪念邮票也随着会期的推迟延期一年发行，记录下这届现代奥林匹克史上首次延期举行的奥运会。设计者是张强和胡曦，张强也设计过《北京 2022 年冬奥会——冰上运动》邮票，他在这方面有一定研究。

（2-1）乒乓球混合双打 （2-2）男子举重

图 20 2021-14《第三十二届奥林匹克运动会》邮票

设计者：张强、胡曦

发行时间：2021 年 7 月 23 日

（5-1）短道速滑 （5-2）花样滑冰 （5-3）速度滑冰

（5-4）冰壶 （5-5）冰球

图 21 2020-25《北京 2022 年冬奥会——冰上运动》邮票

设计者：张强

发行时间：2020 年 11 月 7 日

　　主持人：科技助力奥运。从冬奥会赛事成绩来看，高科技场馆——国家速滑馆"冰丝带"，以"绿色"的冰、"最快"的冰助力运动员们取得优异成绩，仅此一个场馆就产生了 1 项世界纪录、9 项奥运会纪录、共计 11 名运动员刷新了历史最好成绩。其中国速度滑冰队男子 500 米选手高亭宇摘金并且创造了新的奥运会纪录。可见郑方总工程师领导的设计团队为运动员们创造好成绩奠定了物质基础。

集邮
电台

PART 3
邮票穿梭冰雪时空

◆引　言：

随着冬奥会的举办，群众性冰雪运动蓬勃发展。现代人喜欢滑冰滑雪，古人也喜欢冰雪运动吗？本期嘉宾任永信、肖焕伟就来聊一聊这个话题。

◆嘉宾介绍：

任永信：全国"五一劳动奖章"获得者、资深集邮文化学者。

肖焕伟：冬奥场馆云顶滑雪公园 CEO、2022 年北京冬奥会申办委员会委员。

◆对谈内容：

主持人：首先请两位嘉宾讲讲童年时代对于冰雪的感觉和记忆。

任永信：我的家乡在山西河津，黄河和汾河在此交汇，这里也是鲤鱼跃龙门的故事发生地。冬天"三九""四九"极寒的时候，汾河两岸都是滑冰的人群，就像现在北京的什刹海一样。堆雪人更是活动中最常见、最普遍的。

　　肖焕伟：我小时候在上海长大，很少见到雪，但是每年寒假我最向往的就是到北方，堆雪人、打雪仗，还有就是看着大哥哥、大姐姐在冰河上滑冰，特别向往。这是我小时候对冰雪的记忆。

　　主持人：冰雪运动在北欧发展相对较早，那么在中国是什么情况？

　　任永信：其实冰雪运动在中国的历史更加悠久。《山海经》中记载有钉灵之国①，那里的人膝盖以下长着毛，脚像马蹄，走得非常快。其实以现在的眼光看，我觉得这记录的场景可能就是穿着毛皮长裤、脚踏圆形滑雪板的人物形象。在北京奥组委的陈设展板上，我们看到新疆阿勒泰的岩画，描绘了脚踏滑雪板、手持滑雪杖追逐牛群的猎人形象。早在 2007 年，阿勒泰就荣获了"人类滑雪最早起源地"的称谓。当时的滑雪工具虽然原始，但很科学，能够根据滑雪板上皮毛的顺逆方向来控制滑行速度：顺

---

① 钉灵之国：在如今新疆阿勒泰地区，据说其国人是高车、回纥的先民。

毛的时候加速，逆毛的时候刹车，此后便掌握了这个规律。到清代，出现了冰嬉运动，很受皇家推崇，乾隆皇帝说"冰嬉为国制所重"，皇家每年冬天都要从各地挑选上千名善走冰的能手来表演、比赛。1979 年，中国恢复在奥组委合法席位以后，1980 年我们第一次参加了冬奥会，是在美国举办的第 13 届奥林匹克运动会。当年我们发行的《第十三届冬季奥林匹克运动会》纪念邮票上就体现了速滑、花样滑冰、滑雪项目等，以及我国奥委会的会徽。这是我国发行的首套奥运主题邮票。1992 年在第 16 届法国阿尔贝维尔冬奥会上，中国实现了冬奥会奖牌"零的突破"——叶乔波在女子 500 米和 1000 米速度滑冰比赛中斩获两枚银牌。2002 年第 19 届美国盐湖城冬季奥运会上，中国实现了冬奥会金牌"零的突破"，大杨扬在女子 500 米和 1000 米短道速滑中先后夺冠。后面的故事大家就比较熟悉了，2015 年北京申办冬奥会成功，当天晚上就发行了《北京申办冬奥会成功纪念》邮票，是由夏竞秋设计的；后来陆续发行了吉祥物、会徽、冰上运动、竞赛场馆等邮票，到 2022 年 2 月 4 日发行《第 24届冬季奥林匹克运动会开幕纪念》邮票。所以邮票再现了中国冬奥事业的发展轨迹。

　　主持人：提到冰嬉运动，故宫是否藏有一幅《冰嬉图》？

　　任永信：不仅藏有《冰嬉图》，而且还有两幅。一幅是宫廷画家金昆绘制的，但是画完以后乾隆皇帝不太满意，因为缺少一些民间杂技的场景。第二幅是宫廷画家姚文瀚和张为邦绘制的，画面上 1400 名左右运动员分成了 4 组。从右往左看，第一组的 4 对人物表演冰上抢球；第二组人物是观看表演的皇帝和大臣；第三组是位于最中心的人物，表演转龙射球，这是最精彩的一

（2-1）冬奥会会徽　　　　　　（2-2）冬残奥会会徽

图 22　2017-31《北京 2022 年冬奥会会徽和冬残奥会会徽》邮票
　　　　设计者：史渊
　　　　发行时间：2017 年 12 月 31 日

部分，冰场上的旗手和射手间隔排列，沿着卷云形的冰道穿梭滑行，每个人穿过旌门以后都瞄准门上悬挂的彩球射箭，谁射中彩球箭数最多谁就取胜，这些选手在滑冰的时候还表演高难度动作，比如倒着滑、单腿滑，还有一些冰上的杂耍表演；第四组位于画面最左边，是表演抢等的队伍。中国民族博物馆用3D 数字技术复活了《冰嬉图》，三维动画让古画中的人动起来了，场景栩栩如生，再现了当时冰嬉的盛况。

主持人：古代冰上运动和现代冰上项目是否有传承呢?

（2-1）北京 2022 年冬奥会吉祥物　（2-2）北京 2022 年冬残奥会吉祥物

图 23　2020-2《北京 2022 年冬奥会吉祥物和冬残奥会吉祥物》邮票
　　　　设计者：史渊
　　　　发行时间：2020 年 1 月 16 日

任永信：传承肯定是有的，因为所有的运动项目都有很多共性。举几个例子：

比如说抢等，《冰嬉图》里的抢等项目类似于现在的速度滑冰，选手在距离皇帝两三里之外站好，每个人都穿着冰鞋，发令以后集体往前冲，快到达皇帝的冰床处停下，根据到达的先后排定名次，分出等级。所以抢等实际上就是抢先、争先的意思。2020 年发行的《北京 2022 年冬奥会——冰上运动》邮票（图 21），张强设计的，其中一枚就体现了速度滑冰；而中国在冬奥会上取得的第一枚奖牌，就是由叶乔波在速度滑冰的比赛中获得的。

比如说抢球，相当于现在的冰上橄榄球，当然这个比喻可能不太恰当，在现代冬奥会里没有完全对等的项目，因为现在橄榄球运动里没有冰上橄榄球，但是它的运动形式——可以抱、可以抢、可以用手和脚，这就有点像橄榄球的比赛规则，也有点儿像现在的冰球的比赛规则，冰球运动又叫冰上曲棍球，同样是在冰上进行的相互对抗、集体性的球类竞技项目，特别讲究团队的配合。冰上运动邮票里有一枚就表现了冰球，画面上两名运动员对抗的姿态体现出张力和动感。

再比如说转龙射球，从图上也能看出来，结合了骑射和滑冰这两项运动，相当于现在的冬季两项①。当然也不完全一样，现在冬奥会的冬季两项是由越野滑雪和射击两个项目结合，既要速度快又要射得准。此外，冰嬉运动的杂耍表演里也有冰上舞蹈②，有点像今天的花样滑冰。

冰上运动这套邮票除了速度滑冰、冰球、花样滑冰之外，还体现了短道速滑和冰壶③。短道速滑，顾名思义，就是在长度较短的跑道上进行冰上竞速运动，既要速度又要技巧。冰壶就更有意思了，是以队为单位在冰上进行的投掷性竞赛项目，被称为"冰上的国际象棋"，既要速度又要力量，还要角度、科技以及心理因素，更主要还得有团队的配合，谁打一垒、谁打二垒、谁打三垒，打四垒的人心理素质要求更高，所以叫它"冰上的国际象棋"。

① 冬季两项：冬季两项是冬奥会七个大项之一。它是越野滑雪和射击相结合的一项运动，对运动员的综合素质要求较高。
② 冰上舞蹈：简称冰舞，是男女组队伴随着音乐的节奏在冰上进行一些舞蹈步法和舞姿滑行的表演，属于花样滑冰的分项之一。
③ 冰壶：又称掷冰壶，冰上溜石，是以队为单位在冰上进行的一种投掷性竞赛项目，被大家喻为"冰上的国际象棋"。

主持人：云顶滑雪公园是北京冬奥会 7 个雪上项目竞赛场馆之一，请讲讲云顶赛场在本次冬奥会中发挥的作用。

肖焕伟：云顶滑雪公园在本次冬奥会上，承担 20 个小项的比赛。整个雪上项目竞赛共产生 228 枚奖牌，云顶赛场就占了 60 枚，差不多占 27%，其中金牌有 20 块。这些雪上项目的特点，就是可看性强、观赏性强。比如说 U 形池①，运动员在上面要做不同的动作，从不同角度进行翻滚，有点像跳水，非常漂亮；还有空中技巧，从高处下滑以后，要做不同的翻滚动作；还有追逐赛②，也是我们中国队最能拿金牌的项目。

任永信：说到雪上项目，2018 年发行的《北京 2022 年冬奥会——雪上运动》邮票，由沈嘉宏设计，表现了自由式滑雪③、越

---

① U 形池：雪上运动场地，其形状类似于 U 形的槽子，由宽阔平坦的底部和两侧的凹面斜坡（或四分之一的圆管）组成。
② 追逐赛：冬奥赛场上常见的名词，但冰上项目和雪上项目的追逐赛却有着不同的比赛方式。
③ 自由式滑雪：是以滑雪板和滑雪杖为工具，在专门的滑雪场上，通过完成一系列的规定和自选动作而进行的一种雪上竞技项目。它是将高山滑雪和空中技巧相结合的项目，又被称作"空中舞蹈"。

野滑雪①、高山滑雪②、冬季两项，这套邮票也很有特点。它是以四

个雪上运动项目的经典动作提炼出几何造型图形，点线面按照一

（4-1）越野滑雪

（4-2）高山滑雪

（4-3）冬季两项

（4-4）自由式滑雪

图24 2018-32《北京2022年冬奥会——雪上运动》邮票

设计者：沈嘉宏

发行时间：2018年11月16日

① 越野滑雪：是借助滑雪用具，运用登山、滑降、转弯、滑行等基本技术，滑
　行于山丘雪原的运动项目。越野滑雪起源于北欧，又称北欧滑雪，是世界运动
　史上最古老的运动项目之一。

② 高山滑雪：是以滑雪板、雪鞋、固定器和滑雪杖为主要用具，从山上向山下，
　沿着旗门设定的赛道滑下的雪上竞速运动项目。

定规律排列，形成律动的感觉，来表现雪上项目的速度感、力量感和造型美感。邮票的背景用流线型的波浪线和渐变的色带，把雪山、雪松、雪花等冬奥会的环境元素有机地连接起来，体现了雪上运动的节奏和韵律。

主持人：据说云顶场馆是本届冬奥会投入产出比最高的场馆，请肖总介绍一下。

肖焕伟：云顶场馆的特点可以归纳为几个"唯一"。第一个"唯一"：唯一用现有的滑雪场——就是云顶滑雪场扩建的冬奥赛场。

第二个"唯一"：唯一用现有酒店的部分空间改造成新闻中心，即用云顶大酒店的部分空间改造成了张家口赛区的山地新闻中心。有2000位来自世界各地的记者在那里工作，包括五大通讯社、新华社等。

第三个"唯一"：唯一拥有许多科技冬奥的自主知识产权实地应用的民营企业，比如我们有全球唯一的客运索道的安全检索云服务系统，填补了国内外的空白；全球首台5G智能方舱诊疗车，车里配备了移动CT，这在全球也是唯一的，而且在车里就能做手术，可以远程连线更有经验的专家；全球滑雪场里唯一的全息投影客流分析图智能管理系统，包括智能哨兵、身份识别等。

此外还有一项，虽然不是唯一，但是是我国自主知识产权的防风墙。这也得到了国际雪联专家的认可，而且在造价上只是国外同类产品的十分之一。所以这些高科技项目是云顶场馆的亮点之一。

主持人：云顶作为滑雪场，在大众冰雪运动推广方面有什么经验呢？

肖焕伟：我们这几年做了一些事，我们滑雪学校的技术骨干培训了大批滑雪爱好者，目前一个冬季在张家口要培训超过 2 万个中小学生；另外我们有 300 个教练，在夏季没有滑雪项目的时候，分别去南方——上海、武汉、成都等地，开展"冰雪进校园"活动，去给南方的学生做培训，目前每年夏季要培训 3000 个南方的学生和体育老师。从河北本地来看，2021 年和 2020 年，每年都接待超过 3000 万人次的冰雪运动客人；我们对北京地区也有个统计，北京有超过 1000 万人次的冰雪运动客人；从全国范围来看，如果从人次统计，已经超过 3 亿了。我们统计了一下，抛开疫情影响，冰雪爱好者的数量每年以 26% 左右的速度在增长。

主持人：古今冰雪运动，既一脉相承，又有进步发展。邮票是否体现了这种古今对比？

图 25 《冬奥盛会·冰嬉盛典》个性化邮票长卷

任永信：我们有一款产品，就是把古代和现代有机结合起来了，这就是《冬奥盛会·冰嬉盛典》个性化邮票长卷。这款邮票就是把古代的《冰嬉图》和本届北京冬奥会的盛况放在一起来呈现，这也是中国文化传承和奥林匹克精神传播最有代表性的结合。它有以下几个特点：

第一是首套双长卷个性化邮票，上面是清代《冰嬉图》长卷，下面是北京冬奥会盛况，上古下今。

第二是目前最长的长卷，2.02 米，代表了 2022 年。之前最长的建党百年邮票长卷为 1 米，契合建党 100 周年；再之前的《长江》《长城》《黄河》都是 57 厘米。

第三是首套宣纸个性化邮票，采用宣纸印刷，显得古朴典雅。

第四是首次采用了隐形齿孔①，采用冬奥会会徽作齿孔防伪，既不破坏整体画面，又看得很清楚。

第五个特点是首套完整呈现北京冬奥会主要元素的邮票。以

---

① 齿孔：单枚邮票边沿上的孔洞。凸出的部分称为齿，凹进去的部分称为孔，合称齿孔。按照集邮界公认的标准，在 20mm 的长度内有多少个齿或多少个孔，就称为多少度，即齿孔度数。

"一起向未来"作为开篇，第一个画面就是火炬传递的三个城市，也就是三大核心赛区——北京赛区、延庆赛区、张家口赛区；随后 24 个体育项目组成"2022"的字样；再后面是金牌、银牌、铜牌，是一种荣耀见证；最后是新的奥林匹克格言。北京冬奥文化的标志性元素近乎完整地呈现出来了。

此外，这套邮票的防伪也很巧妙，除了隐形齿孔，在紫外灯照射下，"北京 2022"的字样非常清晰。这套邮票的科技元素很多，令人眼前一亮。

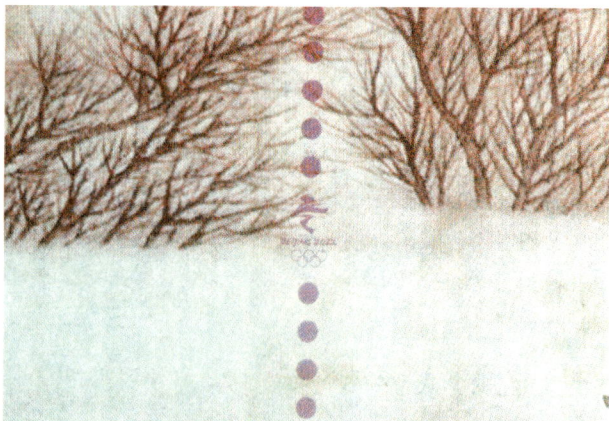

图 26　会徽图案的异形隐形齿孔

　　刚才肖总讲云顶赛场对于冬奥的贡献，有几个"唯一"和很多高科技设备，其中让我最印象深刻的，是第一个5G智能方舱诊疗车，我觉得这体现了中国整体科技的发展水平，如果没有5G技术，这样的设备就很难实现；第二个就是安全检测云服务系统，这个检测系统在目前疫情肆虐的情况下非常适用，体现了云顶赛场的爱心和担当，更重要的是科技为王，可以让大家看到一个不一样的中国。

　　值得强调的是，高科技的优质赛区助力运动员们取得优异的成绩。张家口赛区云顶滑雪公园，雪道长、雪坡佳、雪质好、速度快，在本届冬奥会上共产生17块金牌，其中中国队摘得3金3银，刷新了中国队在冬奥雪上项目中的最好成绩。这不仅是为云顶争光、为张家口争光，更重要的是为中国的冬奥争光。

集邮
邮岢
电

PART 4
冬奥盛典　永恒珍藏

◆ 引　　言：

　　北京冬奥会令人回味的亮点很多：空明浪漫的开幕式，紧张激烈的竞技项目，屡屡刷新的赛事成绩，还有创意频出、惊艳世界的闭幕式。本期嘉宾任永信和侯琨，将从集邮和文化的角度对本届冬奥会进行回顾。

◆ 嘉宾介绍：

　　任永信：全国"五一劳动奖章"获得者、资深集邮文化学者。

　　侯　琨：国际奥委会文化和奥林匹克遗产委员会委员，中国体育集邮与收藏协会常务副主席，北京冬奥会火炬手、宣讲团成员，奥林匹克文化推广者。

◆ 对谈内容：

　　主持人：请侯老师介绍一下，您与奥运的缘分。

　　侯　琨：实际上我不是一个体育人，上大学的时候我学的是外语播音专业，后来也是机缘巧合，在大学即将毕业走出校园时，我参加了在北京举办的 2007 年第十三届世界奥林匹克收藏博览会①。我在这次博览会上只当了三天志愿者，但这三天的志愿者经历实际上改变了我的人生轨迹。本来毕业以后应该去国际广播电台工作，但是我发现，原来奥运让我看到的，和实际上我这三天感受到的不一样。在青少年时期和大学期间，我对奥林匹克的理解可能更多的是世界纪录、体育明星和全世界运动员聚集在一起很高兴地参加比赛这种 party（聚会）的形式。但通过参加第十三届世界奥林匹克收藏博览会，当我结识了来自全世界近 40 个国家、200 多位奥林匹克爱好者、收藏者以后，我发现正如现代奥林匹克之父顾拜旦先生从一开始就提倡的：奥林匹克运动是由竞技、文化和教育三部分组成的。赛时最多 16 天的时间很短暂，但是在非赛时，文化和教育才是奥林匹克的精髓。

所以从那时开始，我觉得这就是我喜欢的行业和事业，而且这可能跟我自己的兴趣爱好有关联。我从 6 岁开始就喜欢收

① 第十三届世界奥林匹克收藏博览会：世界奥林匹克收藏博览会于 1995 年在瑞士洛桑创立，是全世界奥林匹克收藏者的年会。第十三届世界奥林匹克收藏博览会于 2007 年 6 月 24 日在北京开幕。

藏，我现在依然很清晰地记得，小时候父母收到信，就会把信封给我，我用剪子把邮票剪下来，然后放在家里的搪瓷水盆里，等邮票浮起来以后贴在柜子的镜子上，因为柜子的门一面是镜子的，等邮票干了以后，再把它夹到集邮的小册子里，我六七岁的时候已经有自己的小镊子了，专门用来把邮票夹起来放进册子。所以我觉得这种从小集邮、包括收藏的爱好，后来银行卡、打火机这些都是我们这些 80 年代喜欢收藏的小朋友们愿意收藏的品类。

后来我发现，奥林匹克收藏[①] 其实也是一个很重要的门类。别看它只有 100 多年的历史，但实际上奥林匹克是集全世界文化的大成，全世界优秀的设计者、创作者都在其中付出了自己的辛勤努力，而且都以能够参与设计奥运会的吉祥物、邮票、火炬、服装为荣耀，所以看到的是来自全世界的精品。当然，2007 年的时候，因为马上就要举办 2008 年奥运会了，我们也看到无数关

---

① 奥林匹克收藏：随现代奥运会的复兴和发展而形成。在国际上，奥林匹克收藏已形成三大系列：奥林匹克集邮、奥林匹克纪念币收藏和奥林匹克纪念品收藏。为发展国际奥林匹克收藏，国际奥委会专门成立了收藏委员会，并每年在世界上一个国家举行世界奥林匹克收藏博览会。

于 2008 年北京奥运会的特许商品^①和艺术品，而且 2007 年的第十三届世界奥林匹克博览会是到现在为止历届中规模最大的，主办单位之一就是中国邮政。那天在德胜门展览中心楼上开始的发布会上，有时任国际奥委会主席罗格先生、萨马兰奇先生，还有 2008 年北京奥运会组委会主席刘淇先生，以及中国邮政的领导们，等等，都在现场出席了相关活动的发布。我记得那时专门发行了纪念封和邮票，供全世界的收藏爱好者邮寄。当时给我的印象就是收藏是一个很重要的文化领域。也是从那时开始，我进入了奥林匹克这个圈子，一直走到今天。所以很多时候我一直说，我确确实实是一个双奥人，不光是因为我参加了两次在北京举办的奥林匹克运动会，更重要的是，我也是被 2008 年夏奥会和 2022 年冬奥会改变的人。

说到北京冬奥会，我觉得跟集邮也有很大的关联。2015 年 7 月 31 日，我在吉隆坡申办现场见证申奥成功以后，留下了两个很重要的收藏品：

① 奥运会的特许商品：奥运会特许商品是指奥组委授权企业生产和销售的与奥运会和残奥会知识产权相关的商品。

一个就是在媒体上大家经常会看到的——当时申办成功以后，我们从投票现场赶到当天晚上要举办庆祝晚宴的地方，每个人有一张请柬，请柬打开，里面盖着当天的邮戳[1]。

第二个是什么呢？任总应该也记得，中国邮政专门发行了一枚——其实量也不大，但是当时我们在吉隆坡都拿到了，邮戳是2015年7月31日的申办成功首日封。

我觉得，见证物陪伴我们的不光是整个7年间的北京冬奥会的筹办和举办，更重要的是在未来的时间里对于我们这一段时间的经历、对于人生的经历其实都是个很重要的见证。虽然我加入奥林匹克的时间不是很长，现在看来才十多年的时间，但是这里面不光是我自己的经历，还有我的集邮经历、收藏经历，还有我的家庭经历，串起来以后就是我们个人与奥林匹克关联的一个历史故事。

---

[1] 邮戳：是邮局盖在实寄过的邮件包裹等上的各类戳记，包括普通邮戳、纪念邮戳、宣传邮戳等，是历史的反映。收集邮戳已经成为集邮必不可少的一项内容。现在也出现电子邮戳等新种类。

图 27　北京申办 2022 年冬季奥林匹克运动会成功庆祝晚宴请柬

图 28　北京申办 2022 年冬季奥林匹克运动会成功首日封

　　所以我愿意跟大家分享这些故事，我可以把我看到、听到以及全世界朋友们讲给我的一些故事分享给大家。比如，如果没有 1896 年现代奥运会发行那 12 枚邮票，可能首届奥运会的资金，顾拜旦先生真的就募集不全，那套邮票的发行基本上完成了 1/3 的资金募集；如果没有 1932 年普莱西德湖冬奥会发行的首枚冬奥会邮票，冬季奥林匹克运动也许就没有现在发展得这么迅猛。

　　任永信：邮票在一定程度上拯救了奥运会。

　　侯　琨：是的，没错。

　　主持人：我们来回顾一下刚刚结束的冬奥盛典。

　　任永信：刚刚结束的冬奥会确实令人难忘。第一，新冠肺炎疫情期间举办奥运会难度很大，东京奥运会延期一年，但我们没有延期，按照原计划举行。习总书记在开幕之前就讲："顺利举办就是成功。"疫情之下我们如期举办、变"不可能"为"可能"，而且办得更加出色。本届冬奥会交出了"防疫办赛"的双重完美答卷，给北京一个机会，还世界一个惊喜，这个愿望我们实现了，而且体现出"简约、安全、精彩"的办奥要求。

把简单的事做到极致就是不简单，把平凡的事做到极致就是不平凡。

其实中国在向世界展示什么呢？任何事、哪怕再难的事，只要交给中国去办，都会变得简单、变得容易。巴赫主席也高度评价本届冬奥会，除了几个"无与伦比"，他还用数据来说明——闭环防疫措施公布了一个数据：闭环内阳性病例率仅为 0.01%，闭环内是世界上最安全的地方之一。我觉得在闭环外也是世界上最安全的地方之一。所以巴赫主席把奥林匹克杯授予全体中国人民，以感谢中国人民对北京冬奥会作出的卓越贡献。

第二，国际奥委会发布信息称：北京冬奥会是迄今为止收视率最高的一届冬奥会，社交媒体账号浏览量至今已超过 27 亿人次。

第三，本届冬奥会战绩辉煌，刷新了 2 项世界纪录和 18 项奥运纪录；中国队夺得 9 金 4 银 2 铜共 15 枚奖牌，打破了 1 项奥运纪录，取得了冬奥会金牌榜第三位的历史最好成绩，刷新历史最好纪录。

截至本届赛事，中国共参加了 12 届冬奥会。

表1

序列	年份	城市	金	银	铜	总数	金牌榜	奖牌榜
1	1980年 第13届	美国 普莱西德湖	0	0	0	0		
2	1984年 第14届	南斯拉夫 萨拉热窝	0	0	0	0		
3	1988年 第15届	加拿大 卡尔加里	0	0	0	0		
4	1992年 第16届	法国 阿尔贝维尔	0	3	0	3		15
5	1994年 第17届	挪威 利勒哈默尔	0	1	2	3		16
6	1998年 第18届	日本 长野	0	6	2	8		12
7	2002年 第19届	美国盐湖城 （首金）	2	2	4	8	13	11
8	2006年 第20届	意大利 都灵	2	4	5	11	13	11
9	2010年 第21届	加拿大 温哥华	5	2	4	11	7	8

（续表）

序列	年份	城市	金	银	铜	总数	金牌榜	奖牌榜
10	2014 年 第 22 届	俄罗斯 索契	3	4	2	9	12	11
11	2018 年 第 23 届	韩国 平昌、江陵	1	6	2	9	16	14
12	2022 年 第 24 届	中国 北京、张家口	9	4	2	15	3	11

这其实是一个积累的过程，我们简单回顾一下。

从奖牌的角度来看：

1992 年我们实现奖牌"零的突破"，当时叶乔波获得速度滑冰 500 米、1000 米银牌，李琰获得 500 米短道速滑银牌。

2002 年实现金牌"零的突破"，大杨扬获得短道速滑 500 米、1000 米金牌和 3000 米接力银牌。

2006 年，奖牌总数达到 11 枚。当年王濛获得短道速滑 500 米冠军，韩晓鹏也取得了雪上项目的第一枚金牌。

2010 年，中国队获得 5 金 2 银 4 铜共 11 枚奖牌，跃居金牌

榜第 7 位。王濛获得短道速滑 500 米、1000 米、3000 米接力 3
枚金牌,并打破了世界纪录。王濛先后在都灵、温哥华两届冬奥
会上夺得了 4 枚金牌,目前仍然是中国奥运代表团在冬奥会上夺
得金牌最多的队员。

　　2022 年中国获得 9 金,从夺金项目分布来看也非常有意思,
4 冰 5 雪——4 个冰上项目、5 个雪上项目,这体现出我们冰上项
目和雪上项目的均衡发展。

　　其中,从无到有的金牌有 7 枚。比如我们的首金——短道速
滑混合团体接力赛,令人振奋,这个项目是本届冬奥会新增的项
目。比如男子短道速滑 1000 米首金的获得者任子威,男子速度
滑冰 500 米首金的获得者高亭宇,还创造了新的奥运纪录。谷爱
凌夺得的自由式滑雪女子大跳台、U 形场地技巧 2 枚金牌,实现
了中国女子雪上项目奥运金牌零的突破。谷爱凌在本届冬奥会上
夺得 2 金 1 银,是冬奥会历史上第一位在自由式滑雪项目的三个
小项上都获得奖牌的运动员。谷爱凌已经成为年青一代的标杆
和偶像,不仅因为赛事的成绩优异和“三高”——高智商、高情
商、高颜值,更因为她所传达出的正能量。她在记者招待会上回

答问题非常睿智，比如说到对待困难的态度，她说：一直以来点燃我的正是害怕所带来的刺激和兴奋，但害怕鼓舞着我去继续奋斗。此外还有自由式滑雪女子空中技巧的首金获得者徐梦桃，单板滑雪男子大跳台的首金获得者苏翊鸣，这是 7 枚以前没有拿过的金牌。

从无到有的奖牌有 4 枚。在这个项目上首次拿奖牌，虽然不是金牌，也是来之不易。比如单板滑雪男子苏翊鸣获得银牌；自由式滑雪空中技巧混合团体获首枚奖牌，徐梦桃、贾宗洋、齐广璞三位冬奥四朝元老出战摘银；钢架雪车闫文港摘得铜牌；自由式滑雪女子坡面障碍技巧谷爱凌摘银。

从项目的角度来看，历届冬奥会中最强的项目是冰上项目，短道速滑共获 12 金：女子 9 金，男子 2 金，混合团体 1 金；速度滑冰共获 2 金：男女各 1 金，张虹和高亭宇；花样滑冰获 2 金：一个是申雪和赵宏博，一个是隋文静和韩聪。

中国队最强的雪上项目是自由式滑雪，一共获得 5 金，本届获得 4 金，往届只有韩晓鹏获得过 1 枚金牌。

通过对金牌和项目的简单回顾，能看到中国队一路走来太不容易了。

主持人：请侯琨老师谈谈对本届冬奥会的感受。

侯　琨：正如任总讲到的，2022 年北京冬奥会的确给我们带来很多不一样的感受。冬奥会期间，我一天也没有闲着，除了我自己的节目，我还穿插在各个场馆看比赛。虽然在冬奥会之前，三大赛区的所有场馆，包括冬奥村，我都已经去过了，但是在现场为我们的中国运动员加油和见证赛事还是不一样的。总结起来，这 16 天的比赛可以概括为以下四个词。

第一个是精彩绝伦。刚才任总讲到取得的成绩，我想在这成绩上有几个数据稍微给大家分析一下，会看到很多不一样的内容。在北京冬奥会之前，从 2002 年拿到首枚金牌，一直到 2018 年平昌冬奥会，中国一共获得 13 枚冬奥会金牌。北京冬奥会在我们获得 9 金的前提下，同时产生了 11 位冬奥会的新科冠军，相当于这届冬奥会几乎可以和之前的金牌总和相媲美，这就说明我们这次冬奥会真真正正实现了精彩绝伦的比赛，同时我们的成绩也是精彩绝伦的。这是值得我们骄傲的，因为在家门口办比赛，能够在家门口升起五星红旗，让更多的人传递出这种正能量，我们的运动员站到最高领奖台上，我相信这是所有国人愿意看到的，这也是为什么在所有国人的支持下，我们最终能够成功举办这届冬奥会，兑现了对奥林匹克大家庭的承诺。巴赫主席说，这是颁发给所有中国人的奥林匹克奖杯。最近我还看到有个网友写了一篇文章，当时我看完就乐了，他说以后我在写简历的时候，是不是可以写我还获得过奥林匹克奖杯？因为我是中国人。我想想他的这种说法也是对的，所以这就是我想用的第一个词，精彩绝伦。

第二个是薪火相传。刚才也讲到了，空中技巧项目中，像徐梦桃、贾宗洋、齐广璞都是四朝元老，另外像武大靖、范可新，尤其范可新这次终于拿到了冠军，我觉得都很不容易。他们都已经坚持三届了，像这样的老将实际上在北京冬奥会上更多起到了"定海神针"的作用，起到了"传帮带"的作用。他们未来还会不会再坚持下去？我个人认为对于竞技体育来说，他们继续坚持的可能性很小。但是不管怎样，他们完成了在这一届的使命，他们完成这个使命的前提是我们有新的运动员顶了上来，比如说谷爱凌、苏翊鸣，才十七八岁的运动员，包括高亭宇，他们的路还很长，至少还可以再参加两届冬奥会，那么他们的未来是什么样子的，值得期待。这就说明中国在冬季运动上实现了类似于交接棒的动作，未来可期。这就是我想说的薪火相传。

第三个是青春风貌。这次冬奥会我们的志愿者、运动员以及执行参与的工作人员比较年轻化，有青春的风貌呈现出来。在闭幕式上有"感谢志愿者"这个环节，这始于北京 2008 年奥运会，这次由新当选的国际奥委会委员向志愿者们表达感谢，很巧妙很巧思地送了一个灯笼。我看到灯笼的时候觉得太好了，这灯笼既是这次闭幕的主题，又寓意着冬残奥会马上开幕。这个灯笼很有意义，因为志愿者们有一部分结束了工作，因为部分场馆停止使用了；但是还有一部分就地转换成冬残奥会志愿者。因为我自己经历了 8 届奥运会，光开幕式我就看了 6 次，闭幕式看了 1 次，我知道在现场冬季和夏季到底不一样在哪：夏季的热是可以忍耐的，冬季的冷是很难抵御的。尤其在当下疫情和严寒条件下，这届志愿者们奉献了自己的青春，给国家、给全世界不仅送来了微笑，还有在寒冷的白天和夜里那一束温暖的光。所以，我觉得志愿者和年轻运动员呈现出来了我们中国新青年在当代世界环境下的中国青年应有的风貌，这也让全世界的媒体看到了我们中国当下的样子。

第四个是实事求是。之前有部分西方社交媒体失实报道我们，但是当各国运动员真正来到中国以后，很多运动员发短视频展示在冬奥村里的生活，其中有一个我印象最深刻：一名芬兰运动员，他和他的队友在冬奥村里录视频，展示了抱枕被、桌子和房间里的布置，包括我们的智能床，等等。他进来以后说的第一句话，说这就是冬奥村的天花板。我去过很多冬奥会的冬奥村，也去过很多运动员家里，他们的家都没有这么大，他们的家也没有这么好的条件，谁家有这种可以智能监控的床呢？谁家有这么好的配置呢？他们来到中国以后，会发现我们的四大办奥理念：绿色办奥、开放办奥、廉洁办奥和共享办奥，包括我们对奥林匹克大家庭承诺的可持续，以及遗产再利用等都已经完美实现了，而且最重要的是我们让世界看到中国的自由和中国展现出来的大国形象。这些都让他们切身感受到，并且带回去。这就是实事求是，我们向世界承诺了什么，我们就做到什么。可能在未来，特别是后冬奥时代，我们不需要去强调什么是我们做的，这些运动员和所有参加北京冬奥会的工作人员、官员，都会为我们证明。

我想用这四个词来回顾整个北京冬奥会，场馆也好，交通也好，服务也好，我认为都是完美无缺的，这也是我参与过的所有冬奥会里面，个人认为最好的一次。

主持人：邮票也记录了申奥成功的过程。请任总介绍一下。

任永信：刚才侯老师讲，2015 年 7 月 31 日在申奥现场拿到了我们的申奥封，当时的量很少。因为当时我们有些犹豫，因为这是绝密的，万一申办不成功怎么办？所以带的量很少。当宣布申办成功以后，从现场打电话回来要这个首日封[①]的是最多的。当天晚上我们发行申奥成功邮票，这是历史上发行速度最快的，影响也是最大的，因为从那个时候起，标志着进入了北京时间。

---

① 首日封：为贴发行首日的邮票，并盖有当日邮政日戳或特制的首日纪念邮戳的集邮信封，按所贴邮票种类不同，可分为纪念邮票首日封、特种邮票首日封、普通邮票首日封及专用邮票首日封等。

刚才侯老师讲的四个词非常好，精彩绝伦，薪火相传，青春风貌，讲到了灯笼，星星之火可以燎原，更主要是在冰天雪地中给大家一丝温暖。最后讲到实事求是，不在于我们怎么说，而是让别人去看，让事实去证明。

我们的邮票，是世界表情、国家名片、文明传承、活动见证，7 月 31 日冬奥会申办成功，在申办现场就可以看到首日封和邮票。任何活动，只要是党和国家的重大事件，邮票没有缺席过；而首日封也是一个重要的活动见证，所以在现场把它作为一个珍贵的收藏。侯老师刚才还讲了一点，他从小喜欢集邮，在每个场所要把它都记录下来是很难的，因为需要时间、需要语言、需要买当地的邮票，还要实寄——如果不实寄，它的意义就不一样了。所以邮票作为重要的见证者，在我们的重大事件中都有体现。国有大事，必有集邮。

主持人：2015 年除了申奥成功，对于侯老师来说还有更特殊的意义吗？

侯　琨：我们实际上是在 2013 年 11 月第一次提出申办冬奥会，2014 年给国际奥委会提供一些材料，包括开始走申办程序，

2015 年 7 月 31 日投票。在那之前，为了助力北京冬奥会申办，我在 2015 年开启了我的第二次环球之旅，也就是助力北京申冬奥的旅程。

　　我记得很清楚，2015 年 4 月，当时我爱人 ① 陪国家队一起在法国巴黎国家奥林匹克训练基地训练，有一个周末，我们拿着申办旗帜在香榭丽舍大街上、在埃菲尔铁塔下，一起合影。好多法国人都在看，问这是什么旗帜？我们就跟他们解释，说这是我们申办冬奥会的旗帜，我们希望能够成功申办北京冬奥会。所以从那个时候开始就已经在为北京申奥作贡献了，也开始不停地走访城市为北京摇旗呐喊和助威。我突然想起来，2015 年我在环球行的时候，因为每次环球行都要给遇到的朋友们送礼物，这也是中国好客的表现。我带点什么礼物呢？我去虹桥市场买了中国手工刺绣，还有珐琅工艺品、红漆工艺品；但是申办成功以后，我更多带的是什么呢？一个是邮票，一个是中国的"福"字，再就是跟北京冬奥会有关的特许商品。这些既能够讲述中国故事，又能

---

① 侯琨爱人为中国跆拳道协会副主席、两届奥运冠军吴静钰。

够体现中华的文化，特别是在收藏这个圈里——体育收藏、奥林匹克收藏也有一个圈，这个圈里的人几乎都是在五六十岁以上，没有特别年轻的，像我这样绝对属于小字辈——他们对邮票的概念和邮票讲述出来的故事理解是不一样的。所以刚才任总讲到一点，像我们还稍微懂一点点集邮，但是我们这一代的人，包括现在的年轻人，他们对实寄封①这个概念不是很清晰。我参加过三次奥运会的火种采集，在古奥林匹亚有一个小邮局，每次到圣火采集当天，这个邮局都会出售希腊邮政发行的采火明信片②；在交接的时候，在大理石体育场旁边的邮局也要发行采火纪念封。2008年的时候，我虽然没在现场，但是现场的朋友跟我讲，好多人都没去观礼采火仪式，而是在邮局排着队写明信片，因为发行时间有限，就仅限于那一天。但是我们这一代人，包括现在的年轻人，很多对实寄封这个概念不是很清晰，相反很多国外的收藏家们都是跟着实寄这个活动来做的。令我最感动的一件事情，我

---

① 实寄封：经过邮政寄递的信封。广义的实寄封泛指邮局递送的各种邮件的外包装，如信封、印制品、包裹的封皮等，还包括一些专设的内部信函传递机构传递过的信封。

② 明信片：按邮政部门标准印刷、供书写通信内容、不用封套寄递的硬质卡片。

的一位德国朋友——是我 2007 年就认识的，是德国集邮协会的秘书长，在 2002 年和 2004 年通过各种方式，都上了运火种的专机，随着飞机走，就为了盖上飞机起飞前的戳和落地的戳。他做了很多这样的邮品，还送给我一套，我到现在还收藏着。北京举办冬奥会之前，他说能不能想想办法，希望也跟着北京的专机一起飞，但是因为疫情防控的要求我们有自己的规则，不可能让一个外国人上飞机。但是我听说他们依然还是跑到古奥林匹亚，因为我们圣火采集以后的第二天，火种就到雅典进行交接，时间很紧——第一天开着车跟随，当天晚上又跟车跑回雅典，在雅典盖上另外一个戳，然后把这两个实寄封邮寄给自己，两个封并在一块拍一张照片。这实际上表明什么？我觉得这也是奥林匹克精神的体现，不是光追求价值，当然集邮的价值还是很高的，这个毋庸置疑，关键是谁能够在第一时间邮出这个实寄封，盖上这个戳并将其收藏，这也是"更快、更高、更强"，现在当然是更团结了，因为在交通不便利、交流不通畅的情况下，只有团结——我有的邮给你，你有的邮给我，我们才能实现互换。伦敦奥运会之后那段时间，好多人好像有点淡化集邮的概念，但是我切身感觉到这两年，尤其是在疫情期间，集邮的概念又热起来了。之前见面本来是很容易的事情，但现在因为疫情不容易见到，发邮件也没什么感觉，反而愿意通过这种邮信的方式，包括寄贺年卡的方式，让大家能够感觉到我们互相之间还是心灵相通的。那时候任何人想不到我们竟然有那么长时间见不着面，一晃就两年甚至可能接近三年的时间。不管怎样，我觉得信件传递信息、传递感情的这种温暖，现在又回来了。

任永信：张艺谋导演在 2 月 5 日的媒体见面会上专门讲了邮票是什么：它是一个历史的印记，可以永久珍藏，它就像一本书一样。在网络化时代、信息化时代，表现的手段很多，但是这种乡愁，这种历史的烙印，在我们的首日封上、在邮票上，体现得淋漓尽致。

侯　琨：对，我觉得这个感觉特别好。刚才听您介绍张导说邮票的时候，我想起来，其实冬奥会宣传片里冰墩墩刚出来的时候，那不就有一个彩色的邮封，一颗心盖在那上面嘛！

任永信：现在冰墩墩买不着，但是冰墩墩的邮票（图 23）是可以买到的。

侯　琨：没错，"一户一墩"就靠邮票解决了，我们可以去买邮票。

主持人：侯琨老师去过瑞士圣莫里茨，请讲讲您在这个城市的见闻。

侯　琨：圣莫里茨举办过两届冬奥会，分别在 1928 年和 1948 年。圣莫里茨本身也是滑雪圣地，一进这个城市最先映入眼帘的是一个太阳的标志，这是它的城市标志——太阳花。表达什么概念？它既是一个享受滑雪的胜地，也是一个充满阳光的城市。圣莫里茨的冬天和夏天是完全不一样的概念，冬季是它的黄金季节，一房难求。圣莫里茨很有意思的地方在于，1928 年和 1948 年两届冬奥会办完到现在，已经过了半个多世纪了，但是它依然把这两届冬奥会作为很重要的文化遗产，到现在还保存着雪橇赛道，而且还长期有比赛。可能现在全世界拥有这种最标准的雪车雪橇赛道的国家，第一是德国，第二就是瑞士了，而且主要就是在圣莫里茨。

除此以外，圣莫里茨整个城市也闪耀着冬季运动的光辉，尤其是 1928 年冬奥会上，因为 1924 年冬奥会是在 1926 年被追认为冬奥会的，真正意义上以冬奥会命名的就是1928年圣莫里茨冬奥会——那时候还不是特别规范的情况下，有一个特别有意思的项目，就是马拉雪车，由运动员拉着马在冻冰的湖面上比赛，到现在市区的一块展板上还有相关记录。

另外，很多人都觉得，是不是只有中国才把奥林匹克抬到这么高的高度，才把奥林匹克视为这么大的事件，才把奥运冠军抬到如此高的高度呢？其实在古代奥运会，从公元前776年一直到结束这1200多年里，但凡是奥运冠军都享受到最高的待遇，什么待遇呢？第一，享受国家荣誉；第二，给你发羊和牛，免租免征兵役。这待遇就属于很高级别了。我们现在去圣莫里茨，在市中心能看到一个巨大的石碑，石碑上面雕刻了一个五环，石碑下面写的就是圣莫里茨这两届冬奥会上所有冠军的名字。这就是说，一生一世都可以让冠军铭刻在荣耀的墙上，这都已经是半个多世纪前的事了。如果到了圣莫里茨雪橇雪车赛道，这个地方靠近两届冬奥会开幕式的场地，赛道上也有一块金属板刻着每年在这个赛道上获得冠军的名字和成绩。所以实际上不是我们特意抬高奥林匹克或者奥林匹克冠军的地位，而是这些人和这些事情确实值得被尊重、被铭记，因为这不光是自己的事情，它其实代表了全世界，代表了人类挑战极限、突破自己的精神。刚才任总也讲到，说我们即便是害怕，还依然前进，这就是我特别喜欢的一句话：什么叫勇气？勇气就是当你明知道自己会害怕，你还有不畏害怕继续前行的动力，这就是勇气。所以经常会有一些人在圣莫里茨比赛，也是因为这个城市散发出来的魅力，带给大家永远阳光的心态去挑战自己的不可能。这可能就是奥林匹克精神的魅力，也是这些承办城市的魅力所在。

主持人：请任总谈谈对本届冬奥会的感受。

任永信：侯老师的四个关键词讲得非常好，我也有四个关键词。

第一个关键词是传统。我们的二十四节气、十二生肖、中国结是中国文化的图腾，包括奥运会闭幕式的时候高亭宇扛着徐梦桃——我看网上有的解释更好：在更高的层面让梦想成真。讲得多好！在更高的舞台上去圆梦。中国结升空、折柳送别，代表的是天下一家，圆满融通，世界大同，美美与共。说到传统，有一个细节不知道大家有没有印象，2月19日花样滑冰比赛中，获得银牌的俄罗斯两个选手在完成动作以后，用中国传统的"对拜"礼仪谢幕。这体现出中国传统文化的影响力，文化没有国界，在体育赛事中用中国的礼节致谢中国的观众，致谢世界的观众。

从概念来说，"传"指时间上的流传与延续，"统"则是空间上的凝结与积聚。张艺谋导演把传统的中国文化元素呈现得淋漓尽致。我举几个例子。

第一个是开闭幕式的传统元素。闭幕式中十二生肖冰车，展现了中国的浪漫，冰车汇集起来后就成为中国结的主要元素。还有大家印象更深的开幕式二十四节气倒计时开启，在节气流转中追求生生不息、生命永不停止的理念。自然万物经过小寒、大寒，到立春，体现出在极寒中孕育着勃勃的生机。那么说到这儿，我再给大家普及几个知识：比如说气候，一年二十四个节气，一气是三候，一候是五天，一年七十二个候应，周而复始，生生不息。比如说一些时间概念，"一刹那"是 0.018 秒，"一瞬间"是 0.36 秒，"一弹指"是 7.2 秒，"一须臾"是 48 分钟。比

如说年、岁，从立春开始到下年的立春，这叫"一岁"；从 1 月
1 日到第二年的 1 月 1 日，这叫"一年"。我们说十二生肖对应
十二地支，生肖的转换其实以立春为界，比如说一个人属虎，
从什么时候开始属虎？从立春这天开始才是真正属虎。我们发
行过《二十四节气》邮票，从 2015 年到 2019 年，用 4 年的时间
发了 4 组，每组 6 枚，一共 24 枚，设计者是刘金贵和王虎鸣。
每一枚邮票都是扇形，最后组成一个圆形，这是中国邮政第一套
圆形小全张，贴合中华传统文化中天圆地方的理念，代表了团圆
圆满，又代表着节气轮回、周而复始。

　　第二个是火种灯中的传统元素。奥运圣火从希腊采集火种以
后，通过火种灯运达北京。本届火种灯的设计灵感来源于中华第
一灯，就是我们西汉的长信宫灯。长信宫灯是指西汉窦太后的长
信宫中的文物。"长信"可以理解为始终如一地信守承诺。火种
灯体现了承天载物的理念：底座沉稳大气，体现地载万物；顶部
舒展开阔，象征开放的姿态。灯身上的花纹由祥云渐变为雪花，
是古老中国传统文化与现代冰雪项目的传承与发展。

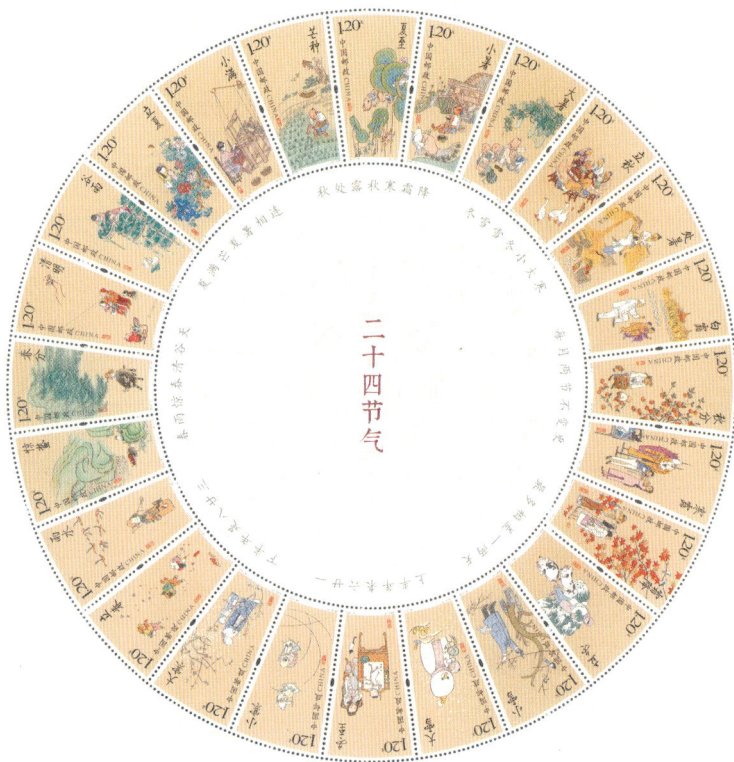

图29 《二十四节气》邮票小全张

设计者：刘金贵、王虎鸣

发行时间：2019 年 11 月 8 日

第三个是服饰当中的传统。中国队的赛服采取了传统的龙虎纹样，比如冰球队用了双龙图案的护具、虎纹的头盔，今年正好是虎年，霸气十足。谷爱凌穿的龙纹赛服是她自己设计的，可见她即使拥有西方教育背景也仍然受中国传统文化的影响很深。包括工作人员的制服，颜色是墨色和霞光红，在古代祭祀当中，这两种颜色是最高等级的礼仪色彩，体现出我国对世界各国来宾的重视和欢迎。技术官员的制服主色调是长城灰，体现长城文化的同时，也彰显了技术官员的客观公正。志愿者服装主体采用天霁蓝，是陶瓷中霁蓝釉的颜色，体现志愿者的青春活力；配色为瑞雪白，象征冰雪上举行的纯洁无瑕的比赛，还有瑞雪兆丰年的意思；图案是《千里江山图》，和冬奥赛区的山脉走向融为一体，是传统文化和冬奥元素的结合。

第四个是滑雪赛道。在云顶赛道的道具区，中国风的雪长城和古建筑成为一道亮眼的风景，选手们穿梭在长城和古建筑之间有飞檐走壁之感，给比赛增添了观赏性和趣味性。

第五个是颁奖仪式中的传统元素。奖牌名为"同心"，设计灵感源于中国传统的玉璧和铜镜。奖牌正面刻有五圈同心圆，既呼应奥运五环，也有"天地合人同心"的传统理念，还有冰雪纹和祥云纹等中国元素。背面按照中国古代天文图设计了二十四个点，寓意第二十四届冬奥会。材质的选择也充满中国特色，挂带采用的是传统桑蚕丝材质，奖牌盒子是用竹子配传统的大漆工艺制成的。颁奖的花束绒线花，采用非物质文化遗产——海派绒线编织技艺，选择了象征友爱、坚韧、幸福、团结、胜利、和平的玫瑰、月季、铃兰、绣球、月桂和橄榄六种花型。

从以上可以看出，之所以大家说张艺谋懂、张艺谋会，关键在于他能把中国传统文化融会贯通在奥运会的每一个细节当中。

第二个关键词是赋能，科技赋能、数字赋能。本届冬奥会科技含量很足，但是用科技而不炫技，就让大家觉得非常务实。科技赋能有几个方面：

第一个是场馆助力最佳成绩。前面郑方老师也讲过，"冰立方"和"冰丝带"是"绿色"的冰、"最快"的冰。通过直冷制冰技术改变冰场构造等方式，两个小时之内就可以完成冰面转换；同时能对制冷的余热进行回收利用，很环保。这项技术被大规模应用于冬奥会，这是第一次。包括储雪能力，把头一年的雪储存到下一年，这体现了环保理念。

第二个是赛事监测和回放技术。短道速滑历来争议比较多，也是奥运会上最受关注的项目。韩国队以往在这个项目当中表现不错，这次为什么有些意外呢？因为我们采取了高科技的飞猫摄像系统，这种高速摄像机时速达到九十公里，全时刻全角度对着运动员拍摄，赛事结束还可以复盘回放，再细小的动作都能被高清还原。

第三个是全方位高科技的基础保障。冬奥会的基础保障无不体现出高科技赋能，比如防疫神器体温贴，外表很像创可贴，其实内置芯片的袖珍无线电子测温计，通过手机 App 绑定，系统每 3 秒采集一次体温数据。体温一旦超过 37.3℃，系统自动向防疫人员报警。自动加热和保温外卖柜，即使错过了饭点，食物也可以储存在柜子里进行加热和保温，确保繁忙的工作人员能吃上一口热饭。还有自发热的冰雪袜、防切割材料的短道速滑比赛服、可实现零下 20℃御寒保暖的领奖服、为脊柱提供最佳支撑的智能床、机器人调制的鸡尾酒等。这些设施全方位多角度保障了本届冬奥赛事的顺利进行。

第四个就是绿色环保的"微火"奥运会。开幕式采用了全新的圣火点燃方式，就是"微火"，这在100多年来的奥运史上是第一次。一方面低碳环保，更主要的是这种理念，科技赋能确保了虽然微火，但不会熄灭。

主持人：侯琨老师是本届冬奥会火炬手，并且在传递结束后把火炬捐赠给香山革命纪念馆。请讲讲您的这段经历。

侯 琨：首先在开幕式现场，我一直在等到底如何点燃火种台。因为以前每届奥运会都有这个过程和标准，但是随着雪花带着火炬升起的时候，我当时一动没动，我连照相都没照——因为我想看看，上面是空的，怎么能点燃呢？后来当它旋转起来的时候，我才意识到，这就是北京冬奥会的火种台了。确实也觉得非常新颖，我们作为火炬手，作为一个奥林匹克文化推广者，参与过这么多次开幕式，却也没见过这样的形式，所以真的是一次创新！北京冬奥会的火炬"飞扬"，我觉得得给大家多说两句。

第一点，"飞扬"火炬采用了两个全新的技术，这是奥林匹克历史上的首次：一是采用碳纤维材质，这是一个创新，以前更多是用不锈钢的合金材质，甚至塑料和玻璃材质都使用过，但是碳纤维是从来没有过的。碳纤维材质本身相对来说坚固性、柔韧性、环保性和其他各方面属性都比其他材质强。

第二点，是我们"绿色办奥"理念的重要践行，就是火炬采用氢燃料。氢燃料的二氧化碳排放量几乎为零，这也是奥林匹克历史上第一次大规模使用氢燃料作为火炬燃料。在此之前，东京奥运会曾经在 2018 年就提出，将会采用氢燃料来传递东京奥运会的火炬，但是后来因为技术原因和成本原因放弃了，因为氢燃料在燃烧的过程中解决不了两个很重要的问题：第一个就是我们的"飞扬"火炬是用四个大气压将氢燃料压在气罐里，但是它在燃烧中实际上是减压的过程，是散热的过程，这个是当时东京奥运会没有解决的；第二个是如果大规模使用，没有科技支撑的话，无法实现低成本。这两个问题导致在东京奥运会开闭幕式期间，我们看到仅在主圣火台采用氢燃料，后续的火炬其实还是用传统燃料。但是"飞扬"火炬实现了这个创新。

另外刚才讲到我们的火种灯，首先，北京冬奥会的火种灯、火炬和火种台，这三个是有机结合的。火炬传递的时候，每走一站虽然只有三天，但是这三个形象出现的频率很高，在之前也展示了很多。如果说奥林匹克运动的火炬接力将火炬、火种灯和火种台三者有机结合起来是从 2008 年北京奥运会开始，后来当然平昌冬奥会也在模仿我们，但是这一次我们又把它提升到了一个新的高度。2008 年"祥云"火炬上我们用了祥云，这个概念是中国古代就有的；这一次我们不光是把祥云图案做了双奥的传承，更实现了从祥云转变成雪花这个概念。同时这次"飞扬"火炬的外形跟我们 2008 年鸟巢的火种台是一样的造型，这本身就代表了传承。

火种灯来自"中华第一灯"，但是很多听众朋友可能不知道，这个"中华第一灯"长信宫灯是和金缕玉衣一起出土的，它的名声可能没有那么大，但确实已经达到当时那个年代全世界最高黑科技的层级了。长信宫灯是刘胜的夫人——窦太后宫中的器物。这个灯在当时使用了烟道排放以及照明方向的调整，包括整个铜鎏金的工艺，是当时世界的一个大成，所以我们把长信宫灯的理念作为火种灯的元素呈现出来。更重要的是，我们的火种台"何尊"的概念。何尊也是西周的青铜器，"中国"这两个字第一次出现就是在这个青铜器上，所以我们用它的器型做成了火种台，火种台上部的造型和火种灯底部的造型连接在一起，而火种灯上部的造型又和"飞扬"火炬顶部的造型连接到一起，这是一个一脉相承的故事。

任永信：历史的底蕴就这样。

侯　琨：对，全都呈现出来了。这就是我们的传统和我们向世界讲述故事的很重要的内容。奥运会有三大重要见证物，在每一个时期发布：第一个是吉祥物和会徽，邮票里已经都有了，会徽和吉祥物让全世界知道这届奥运会的传递；第二个就是火炬，火炬出来以后，火炬邮票、火炬接力邮票也都有了；第三个就是奖牌，刚才任总讲到，奖牌上的五个同心圆是我们传统文化的植入。2008 年的金镶玉奖牌令人印象深刻，所以在这次冬奥会奖牌刚公布的时候，很多人就说，好像没有什么特别新颖，也没有金镶玉的延续，这五个同心圆好像也没什么特别的。其实这个巧思在于我们是用什么理念来制作奖牌：我国古代《周礼》讲，"苍璧礼天，黄琮礼地"，碧玉实际上是"礼天敬地"这个概念的产物，当时最高级别祭祀用的物品。我们现在把它的元素提纯出来，变成本次冬奥会上奖牌的元素。这一切的一切，就像刚才任总讲的，"传统"这二字在我们的理念里点点滴滴传承下来。

另外，在火炬接力的过程中，每两个火炬手交接的时候，火炬的头部特别设计成两只手握在一起的形式，这也表达了从开幕式一直到闭幕式整个过程中世界是一家，我们要相互帮助，要更团结，要友谊长存，这也体现了奥林匹克精神。

说到我为什么捐赠火炬。这次冬奥会因为各种各样的客观原因，没有 2008 年两万多名的火炬手，当时在各个地区都能看到"祥云"火炬，这次火炬传递一共只有 1200 个火炬手，这 1200 个火炬手散到全国，很多老百姓看不到我们的"飞扬"火炬，感受不到"飞扬"火炬到底是什么样的，所以我希望更多的人能够看到它。年后第一天上班，2 月 7 日那天，就在香山革命纪念馆进行了火炬捐赠仪式。现在在香山革命纪念馆里，在一层大厅就可以看到，展柜里一个是我的火炬证件，还有一个就是"飞扬"火炬。因为它少，所以它稀缺，但是更应该让更多的人感受到奥运带给我们整个国家的提升。更关键的是有很多人问，为什么捐给香山革命纪念馆呢？因为如果说一大会址是党的摇篮，那么实际上香山是我们新中国的摇篮——实际上在 1949 年年初，毛主席在香山待了很长时间，最后我们中华人民共和国成立。所以我觉得在那个地方展示，也是我们党百年来，我们能够承办两届无与伦比的奥林匹克运动会，惠及民生，让老百姓感受到国家点点滴滴的发展。所以能够接受我的火炬陈列在那里，本身就是我至高无上的荣耀。对于我来说，这也帮助了我，未来我能讲给孩子们，告诉他们应该爱党爱国，应该把自己的全部精力贡献给社会、贡献给国家，这才是奥林匹克精神跟中国的结合。习总书记讲，中国人的奥林匹克精神就是自强不息。其实每个人的成长，社会的每一步发展，党的发展，包括国家的发展都是自强不息的过程。

主持人：科技在火炬上的体现非常充分，科技在邮票上是如何体现的，请任总介绍一下。

任永信：现在的奥运会点火仪式，其实是两个方案之一。还有一个方案，是用什么呢？用光来点，当时国际奥委会没批准，大家感觉一下子跨越得太大了。但是用光点火是追溯到了人类最原始的状态，希望今后能实现。

火炬里面的科技含量，我觉得你把历史的厚重感都讲出来了。说到科技对整个奥运会的影响，火炬是个体现；在邮票方面则体现得更多，也就是科技为艺术效果赋能，印刷技术为邮票工艺赋能。比如冬奥场馆"冰丝带"邮票，一图双景，在紫外灯照射下，白天晚上日夜兼容，白天晶莹剔透，晚上灯火辉煌。包括边上的红色体育图标，是用场馆建筑材料研磨后融入油墨印刷的，相当于"冰丝带"的一部分。再比如冬奥会开幕式邮票，保密了很长时间，到2月4日开幕式之后晚上9点我们才对外发布，这是因为这套邮票涉及开幕式最关键的环节——点火方式，包括最后雪花怎么聚集到一起、各个国家怎么在雪花中体现它的位置，这都是绝密的内容，所以直到晚上9点才对外发布。这套邮票，图一的立体感很强，采用了激光、全息、猫眼、浮雕等工艺；图二采用了激光、全息、衍射、冷烫工艺，突出雪花台的立体感、火苗的跃动感。雪花晶莹剔透，天空清澈深邃，在光源下看邮票画面，七彩流光、丰富唯美，科技感、现代感跃然方寸之上。

侯 琨：关于刚才您讲的"冰丝带"邮票，我和一般人收藏还不大一样。我比较"贪婪"，不能说只要一枚邮票了，我的

"冰丝带"邮票上，还请郑方总设计师签名了。这些东西凡是有设计师的，我是一定都签上。而且郑方收藏的那枚上面，我还给他签了个名。我最后一场看的比赛，就是去国家速滑馆看的。我去之前就给他发信息，我说我一定要去现场看比赛，看您设计的这个场馆，而且我去看比赛之前，还专门去了"冰立方"。我拍了"冰立方"外围的照片后，跟郑方总设计师说：我要给你作一个对比，因为你是双奥设计师，"冰立方"是由原来的"水立方"转换来的，以及国家速滑馆的升级改造，整个变化在哪里？这种自信心怎么体现？我说方总我得帮你总结总结。所以那套场馆邮票出来以后，我首先收藏了。

还有，其实您没讲到另外一个问题，我前两天去给延庆制服和注册中心的志愿者和工作人员们讲了一堂奥林匹克专题课，还专门给他们录了一个节目。走的时候，有个工作人员送给我一套场馆极限片 ①。这套极限片当时一发行就卖完了。当时朴部长（朴学东，时任北京冬奥组委市场开发部部长）送给我一套，说，这

---

① 极限片：极限明信片的简称，其所贴邮票的图案与明信片上的图案相和谐，并盖有与邮票题材相关的邮戳。

个现在没有了，这是我在咱们组委会的员工店排队买的，送给你一套。后来这位工作人员也送给我一套，我说这个很珍贵，您还有吗？他说我还有一套，侯老师您讲得特别好，我正好身边有这个，就把它送给您了。通过这些事情展现出来的，一个是技术，一个是文化，再一个就是把场馆和文化知识融入以后，对青年人来说是很好的意识形态上的爱国主义教育。要不然现在的年轻人认为邮票是什么？一提邮票，可能他会觉得跟你不是一个年代，但是要跟他说这里面的黑科技，说这里面的二次元，他就开始觉得：哦，原来是这样。

现在国内，包括国际奥委会，在海外都发行了数字版的纪念收藏品。即便它是数字的，它一定还是有落地的东西，徽章也好，邮票也好，要能买得到。但是如果买到的还是传统的工艺、传统的设计，那大家就不喜欢。我觉得邮品在未来一定还是会存在，至少在一定时期内，在这个市场上也好，在这个领域也好，它具有传承作用和一定的观赏度、收藏度。特别是如果还能找到设计师或者跟它有关的人签上字，就像这个大跳台极限片，我肯定哪天就拿着找张利院长（张利，清华大学建筑学院院长）签上字嘛。这时候你就发现，它不只是一枚邮票，不只是一枚极限片，不只是一个实寄封，更重要的它是一个时代的印证。

任永信：你刚才讲的启发了我，今后集邮应该如何面对青少年市场。他们所喜欢的东西，我们用什么方式让他们愿意加入集邮队伍，愿意来理解集邮。"冰丝带"邮票是我们的第一枚椭圆形的小型张，我们要把这里面的故事讲出来，工艺讲出来，科技含量讲出来，让大家爱上邮票、爱上文化，讲好中国故事，邮票是最好的抓手，奥运会是最好的机会。

主持人：刚才任总讲了两个关键词：传统、赋能，还有两个关键词是什么？

任永信：

第三个关键词是破冰。开幕式上冰破于冰立方的设计令人难忘。鸟巢中心有一块显眼的大竖屏，近 60 米高 20 米宽，名为冰瀑。随着一滴水墨蜿蜒，黄河之水喷涌而出——君不见黄河之水天上来，奔流到海不复回——生动再现了李白《将进酒》的浪漫主义色彩、丰富的想象力和喷薄而出的豪情。随后冰立方破冰而出，雕出了五环，这就是破冰。从冰到五环，从五环再到心连心，雕出了团结、雕出了精彩，寓意打破隔阂，也寓意在疫情之下我们共同克服困难，举办即是成功，奉献出一场精彩绝伦、无与伦比的冬奥会。

破冰之后就是一朵雪花的故事。李白《北风行》中写："燕山雪花大如席"，开幕式由一朵雪花贯穿，随着运动员入场结束，引导员手持雪花引导牌向场内围拢，所有小雪花汇聚成一朵大雪花，寓意世界人民大团结，演绎着"一起向未来"的愿景。在闭幕式中，小雪花演变成孩子们手中的灯笼，代表"星星之火可以燎原"。雪花台的创意正如巴赫主席所说，2022年北京冬奥会将是一个重要的时刻，以和平、友谊和团结精神把世界凝聚在一起。张艺谋导演也说，希望通过一朵雪花来传递人类共同的情感。没有两片雪花是相同的，但是今天大家会聚在北京，共同成为一朵璀璨的雪花，这就是构建人类命运共同体的大的理念和"一起向未来"这样人类共同的情感。

接下来就是烟火表演中的迎客松。迎客松的姿态像张开双臂迎接远道而来的客人，传达出东道主的热情好客。其实这个环节很难表现，因为要实现每一朵烟花都从中间向四周炸成圆形，并且要向上模拟松针的效果，树干和树枝数量的比例、位置、安排、烟火品种的选择、发射的时间点、炸开的时间点都要经过无数次实验，难度非常大。但是蔡国强老师的团队做到了。从一朵烟花可以看出，从 2008 年到 2022 年 14 年间从夏到冬，不仅是国力的变化、办奥理念的变化，更是世界怎么看中国、中国怎么融入世界、达到天人和合境界的过程。巴赫主席在中国邮政发行的开幕式纪念封 ① 上题字，表达了三重意思：一是北京即将书写历史，成为全球首座双奥城市；二是冬奥会连接中国和世界，消除隔阂，一起向未来；三是北京冬奥会让三亿人走上冰雪，改变冬季运动的格局。这是一个全新的春天的故事，既是中国的春天、体育的春天，也是集邮的春天，我们共同努力续写春天的故事。这是第三个关键词破冰。

　　第四个关键词是珍藏。值得珍藏的东西很多，侯老师既是收藏家，也是集邮家，您把珍藏的藏品给我们再讲一讲吧?

---

① 纪念封：是为纪念某种事件、盖有特制纪念邮戳的集邮信封。

侯　琨：好的。我觉得是这样，收藏——包括集邮——最有意思的领域是什么？这就像很多人问奥林匹克精神到底是什么？我的回答一直只有一句话：每个人心中都有自己的哈姆雷特。同样的道理，收藏也是如此，每个人喜欢的门类不一样，年代不一样，类别区别也很大。这次北京冬奥会，我觉得有以下几类。

第一类，还是要聊到集邮。从 2008 年北京奥运会到现在 2022 年冬奥会，我们一直在说"双奥之城"的概念。那"双奥之城"到底意味着什么？不是两次简简单单的叠加，而是我们在这么短的时间内，能够在这么接近的两代人的时间里，将奥林匹克精神传递给了全中国的人民，让这种民族自豪感、自信心提升了。我觉得这是"双奥之城"留给我们的。那么作为"双奥之城"最好的见证，作为这个城市、我们国家名片出现的，肯定有集邮。如果把 2008 年的邮票和 2022 年的邮票放在一起做成合集，就可以从一个角度把这个故事讲出来了。

第二类，就是大众化的徽章。对于老百姓来说，最方便参与的收藏品类一个是邮票，一个是徽章。2008 年出现了很多表现我们的故事和内容的徽章，中国邮政也发行了具有自身特色的徽章。

我觉得徽章是让全体大众都能参与其中的一个很重要的收藏类别。

第三类，可能要求稍微高一点点，就是如果参与了，或者作为工作人员见证了双奥也好、这次冬奥会也好，那么跟你工作有关的，小到注册卡，大到服装，我们自己的见证物，这些都是很珍贵的回忆。直到现在，夏天的时候，我相信大家也经常见，大街上还有很多穿着2008年志愿者服装的人。我相信从明年冬季开始，依然能看到很多人穿着北京冬奥会会徽标识的衣服，这实际上就是传承。这些衣服其实代表了我们的一段经历，跟自己有关的东西，不管是什么，其实都值得珍藏和被铭记。

当然了，如果能收藏到类似于火炬，或者很重要的限量版藏品就更好了。比如说中国集邮发行的这款限量1088套的冬奥会邮票大全册①，我觉得就很好，前两天我在直播的时候还给大家专门介绍了，如果条件允许，可以一次性把我们这次冬奥会所有的邮票故事收藏其中。

---

① 冬奥会邮票大全册：专题邮票册的一种，专题邮票册是按照专题形式将不同的专题邮票及邮品集结成册，所插邮票大多跨越年度，插册中还印有相关的文字资料。

图 30　冬奥会邮票大全册

除了邮票的故事，还有其他这种大全套概念的，比如说金银币大全套等，也可以收藏。这都是时代的产物、时代的见证物，这类藏品是可以永流传的。

我们喜欢收藏的人都有一个目标：希望自己的孩子和后代也能喜欢。其实没有几个人的孩子和后代会喜欢，但是总有一些东西要流传下去，哪怕最终交给博物馆也好，或者交给某个公益机构捐赠了，它也一定还是要流传下去的。但如果不分系列、不分良莠地来收藏，最终你会发现找不到方向——收藏最怕没方向嘛——所以如果你能找到方向，并且能够把这个故事的来龙去脉讲清楚，那不光是让自己开心、让未来的人开心，其实也是对社会的贡献。刚才任总问藏品，我其实是想跟大家分享这个想法，因为每个人的条件和个人对于收藏的理解是不一样的，也许还不一定喜欢收藏——好多人就不喜欢收藏，但是现在拿到一个冰墩墩都觉得是一个至高无上的收藏品。现在的冰墩墩不要说是"一墩难求"，是根本就求不到，所以它可能也会成为历史上一个很重要的见证北京冬奥会的收藏品，而且百分之百是冬奥历史上卖出数量最多的吉祥物。这些其实都是收藏序列中的内容。

任永信：还是要问问，您所有收藏当中最值得珍藏的是什么？

侯　琨：我有以下 4 个系列最值得珍藏。

一是国际奥委会系列，这跟我的爱好和我本身工作都是有关系的。

二是火炬收藏，因为我多次当过火炬手，所以对历届奥运会的火炬，从 1936 年开始都有收藏。

三是我自己见证过和家庭见证过的赛事，刚才讲到我参加了 8 届奥运会，我妻子至少参加了 4 届，还又参加了其他像青奥会这样的赛事，包括我女儿参加的，这些见证物又是一个系列。

四就是跟中国最早参加奥林匹克一直到现在的历程有关的系列，这里面值得拿出来吹牛的有几样藏品。

第一个藏品是中国首次派代表团参加 1936 年柏林奥运会时，中国代表团 18 位运动员在奥运村的亲笔签名。并且我还配套了两份当时应该是唯一的文件，一份是当时中国代表团坐的船舱号和对应的人员名单，这是从柏林奥委会流出的。这个名单跟我们国内统计的名单不一样，组委会这个名单多了 4 个记者，也就是说当时的代表团说有 110 个人，但在这个名单上多出来 4 个，因为把中国跟随的记者团也算进去了。另一份是当时中国体育代表团到达现场时，柏林的华人华侨举着旗帜欢迎的原版照片，这就构建了完整的我国首次正式派代表团参加奥运会的例子。

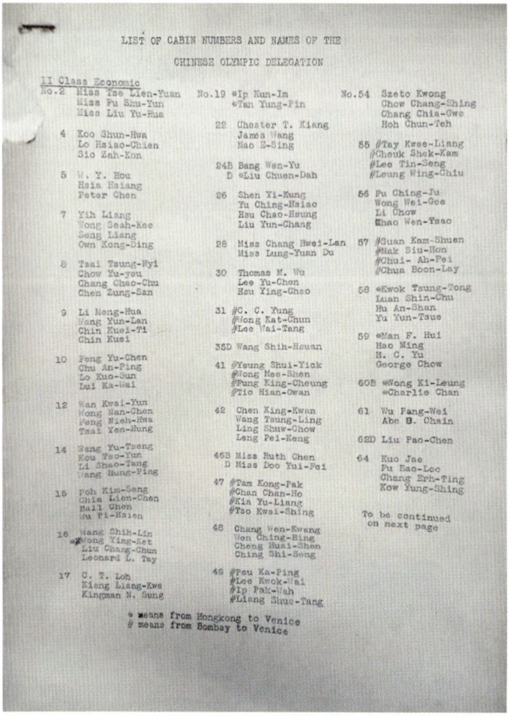

LIST OF CABIN NUMBERS AND NAMES OF THE

CHINESE OLYMPIC DELEGATION

II Class Economic

No.2 Miss Tse Lien-Yuan
Miss Fu Shu-Yun
Miss Liu Yu-Hua

4 Koo Shun-Hwa
Lo Hsiao-Chien
Sio Zah-Kon

5 W. Y. Hou
Hsia Hsiang
Peter Chen

7 Yih Liang
Wong Seah-Kee
Seng Liang
Own Kong-Ding

8 Tsai Tsung-Nyi
Chow Yu-yeu
Chang Chao-Chu
Chen Zung-San

9 Li Meng-Hua
Wang Yun-Lan
Chin Kuei-Ti
Chin Kuei

10 Feng Yu-Chen
Chu An-Ping
Lo Kuo-Sun
Lui Ka-Wai

12 Wan Kwai-Yun
Wong Nan-Chen
Feng Nieh-Hwa
Tsai Yen-Hung

14 Wang Yu-Tseng
Kou Tso-Yun
Li Shao-Tang
Wang Hung-Ping

15 Foh Kim-Seng
Chia Lien-Chen
Ball Chen
Wu Fi-Hsien

16 Wang Shih-Lin
*Wong Ying-Ket
Liu Chang-Chun
Leonard L. Tay

17 C. T. Loh
Kiang Liang-Kwe
Kingman N. Sung

No.19 *Ip Kun-Im
*Tan Yung-Pin

22 Chester T. Kiang
James Wang
Mao E-Sing

24B Bang Wen-Yu
D *Liu Chuen-Dah

26 Shen Yi-Kung
Yu Ching-Hsiao
Hsu Chao-Hsung
Liu Yun-Chang

28 Miss Chang Hwei-Lan
Miss Lung-Yuan Du

30 Thomas M. Wu
Lee Yu-Chen
Hsu Ying-Chao

31 #C. C. Yung
#Wong Kat-Chun
#Lee Wai-Tang

35D Wang Shih-Hsuan

41 #Yeung Shui-Yick
#Wong Mee-Shen
#Pung King-Cheung
#Tio Hian-Owan

42 Chen King-Kwan
Wang Tsung-Ling
Ling Shuw-Chow
Leng Pei-Keng

46B Miss Ruth Chen
D Miss Doo Yui-Fei

47 #Tam Kong-Pak
#Chan Chan-Ho
#Kia Yu-Liang
#Tso Kwai-Shing

48 Chang Wen-Kwang
Wen Ching-Bing
Cheng Huai-Shen
Ching Shi-Seng

49 #Pau Ka-Ping
#Lee Kwok-Wai
#Ip Pak-Wah
#Liang Shuo-Tang

No.54 Szeto Kwong
Chow Chang-Shing
Chang Chia-Gwe
Hoh Chun-Teh

55 #Tay Kwee-Liang
#Cheuk Shek-Kam
#Lee Tin-Seng
#Leung Wing-Chiu

56 Fu Ching-Ju
Wong Wei-Gee
Li Chow
Zhao Wen-Tsao

57 #Suan Kam-Shuen
#Mak Siu-Hon
#Chui- Ah-Fei
#Chua Boon-Lay

58 *Kwok Tsung-Tong
Luan Shin-Chu
Hu An-Shan
Yu Yun-Tsue

59 *Man F. Hui
Hao Ming
H. C. Yu
George Chow

60B *Wong Ki-Leung
*Charlie Chan

61 Wu Pang-Wei
Abe B. Chain

62D Liu Pao-Chen

64 Kuo Jae
Fu Bao-Loo
Chang Erh-Ting
Kow Yung-Shing

To be continued
on next page

* means from Hongkong to Venice
# means from Bombay to Venice

图 31　中国参加 1936 年柏林奥运会代表团名单

还有一个藏品就是"现代奥林匹克之父"顾拜旦先生的两份手稿。这两份手稿都有他完整签名，只有A4纸那么大，一份讲述了他在1896年1月的一封信里写的故事；另一份是他在1925年辞职以后，在1932年写的一封信，这封信中很重要的一点是：他告诉一位要给他发表文章的朋友："你一定要在我的文章下面署名为'顾拜旦男爵，国际奥委会的创始人和名誉主席'。"他特意在这行字下面画了线，这说明顾拜旦先生即使在晚年，也把推动奥林匹克运动以及帮助奥林匹克运动发展作为自己最重要的一项工作。我觉得他是一个可以看穿整个历史进程以及穿透时代的伟人，他为什么能有今天这么大的成就，都能在这些收藏品上展示出来。我经常提倡宣传收藏，不是因为我自己做收藏才宣传，而是因为很多人感受不到什么是收藏，比如咱们说这邮票好，我们的技术好，我们的画面好，但是很多人还是感觉不到——你要相信我，收藏一定需要经过时间积淀以后才叫收藏。不是今天买了这个东西，明天就是收藏品，就是艺术品，而是五十年以后再拿出这个邮票，它上面所蕴含的技术元素跟五十年以后作对比，那时候再讲起来感觉就不一样了。我觉得这个故事才是真正的收藏的故事。

任永信：说到珍藏，我想到的是双奥城市、双奥导演、双奥邮票设计师，还有虎年的"三只虎"。

双奥之城是北京。这次冬奥会闭幕式上五环焰火再次升起，与 2008 年奥运会《我和你》这首歌、五环焰火遥相呼应。所以"双奥之城"的独家记忆，属于"双奥之城"北京。

双奥导演张艺谋。张导执导了两届奥运会开幕式，演绎了奥运会开幕式历史上最精彩、最唯美、最有文化底蕴，而且最具中国文化特点和内涵的盛典。

双奥邮票设计师。张艺谋的另一个身份是邮票设计师，他对邮票设计有非常睿智的看法，他说：在网络时代邮票还有它重要的意义，它已经成为一种历史的印记，成为一种珍藏。它会永远存在，像书一样。说得非常好。张导参与设计过三套邮票：2008 年 8 月 8 日发行的《第 29 届奥林匹克运动会开幕纪念》邮票（图 17）是他设计的；2009 年 10 月 1 日的《中华人民共和国成立六十周年》邮票（图 18）是他设计的；他也参与设计了《第 24 届冬季奥林匹克运动会开幕纪念》邮票（图 14），通过邮票把这种现代感、科技感、浪漫唯美的氛围都体现得淋漓尽致。

再说说虎年的三只虎。我们之前在媒体见面会上也讲了，这三只虎——张艺谋属虎，常宇部长属虎，邮票设计师王虎鸣属虎。成语说"三人成虎"，这是贬义，但是把三个有能力的老虎放在一起，就是八面威风、虎虎生威。

"一切福田，不离方寸。"方寸既是心与心的沟通，也代表蕴含着情感、见证了历史的邮票。奥运盛典在很多国家从没有举办过，但是"双奥之城"北京先后两次举办夏奥会、冬奥会，百年难遇。以邮票之名赴冰雪之约，是我们在伟大时代充当伟大时刻的亲历者、见证者、参与者的荣耀，这些最值得回味，也值得我们永恒珍藏。所以要讲好中国故事，从讲好邮票故事开始，最便于落地，最便于珍藏。

PART 5
从双奥看大国崛起

◆引　言：

从夏奥到冬奥，14 年间不仅是办奥理念和口号的变化，更是我国综合国力的变化。本期嘉宾任永信、沈晨，将从双奥特色谈谈大国的崛起。

◆嘉宾介绍：

任永信：全国"五一劳动奖章"获得者、资深集邮文化学者。

沈　晨：中国东方演艺集团艺术总监，双奥导演，2008 年夏奥会开幕式导演工作室主任，2022 年冬奥会开幕式核心主创、冬残奥会开闭幕式导演，2019 年武汉世界邮展开幕式导演。

◆对谈内容：

主持人：从夏奥到冬奥，从"同一个世界，同一个梦想"到"一起向未来"，这期间的变化，请任总谈谈。

任永信：以前我们对奥运的关注主要在夏奥，夏奥确实吸引人，比如说篮球、排球、乒乓球、田径、游泳，这些项目都夺人眼球，群众的参与度也非常高。对冬奥，过去也有关注，像冰壶、冰球，但是关注相对少。这次在家门口办冬奥，近距离欣赏赛事，发现冬奥项目同样其乐无穷，同样精彩纷呈。比如说短道速滑、冰球、冰壶，既考验速度、耐力，又强调技巧合作；跳台滑雪，既比跳跃的距离，也比动作的难度。尤其是谷爱凌的表现，给大家留下的印象太深了。所以现在无论是南方、北方，我们都对冬奥项目产生了浓厚的兴趣，关注度高、参与度高。巴赫主席说：北京冬奥会让三亿人上冰雪，改变了冬季运动的格局，对此我们也有同感，正如残奥会开幕式上提出的：改变始于体育。从夏奥到冬奥，改变的不仅是理念、口号，更体现出综合国力的变化。我从几个方面来说。

第一是口号的变化。

从"同一个世界，同一个梦想"到"一起向未来"，2008年的"同一个世界，同一个梦想"体现出当时中国第一次作为东道主融入奥运大家庭的迫切心情，体现出我们在奥林匹克运动中发挥更大作用的美好期许，这种期许生机勃勃、富有朝气。那么冬奥的"一起向未来"，体现出怎样消除隔阂、化干戈为玉帛，对世界和平的美好期盼，以及如何以体育为媒连接中国和世界。中国集邮也用多种产品、多种方式体现我们的核心价值观，体现和平与进步。比如，张艺谋导演参与、王虎鸣老师设计的《第24届冬季奥林匹克运动会开幕纪念》邮票（图14），两个图案，第一个立体性很强，第二个表现点火仪式和"一起向未来"的口号；比如《冬奥盛会·冰嬉盛典》个性化邮票长卷（图25），是目前最长的长卷，2.02米长，象征2022年，上面是古代冰嬉场景，下面是现代奥运盛会，从火炬到奖牌，24个项目演变为数字"2022"，双长卷，古代和现代交相辉映。所以这是中国集邮通过鉴古知今，让历史照进现实的一种具体做法。

第二是理念的变化。

2008年是"绿色、科技、人文"，这次是"绿色、共享、开放、廉洁"。相同之处是这两次理念中都有"绿色"；不同之处2008年突出"科技、人文"，旨在通过这些扩大我们的影响力，2022年强调"共享、开放、廉洁"，体现出开放的姿态和能与世界共享的实力，更加务实、更加从容、更加自信。所以这次冬奥会办出了特色、办出了精彩、办出了独一无二、办出了无与伦比。

第三是综合国力的变化。

综合国力包括了硬实力、软实力和巧实力，我从这三个方面来说。

综合国力之硬实力

硬实力就是双奥之城。北京目前是唯一既举办过夏奥又举办过冬奥的城市，两次成功申办实属难得，举办成功更是不易，尤其在疫情之下，成功举办难能可贵。首先，对冰雪条件要求高，既要有足够的储雪造冰能力，又要让参加运动的人不至于感觉到那么冷，也就是说场馆要冷，但是参加运动的人不能太冷。对场馆的条件要求高，其实就是对城市的经济、财力要求高。其次，对群众基础要求也高，需要有一定的冰雪运动的群众基础。

主持人：申奥成功后各项工作有序开展，开幕式是其中最受关注的部分。沈导作为双奥导演，有何感受？

沈　晨：还是很强烈的。我深深地记得，应该是在 2020 年的大年初三，冬奥组委领导，还有艺谋总导演给我打电话，邀请我参加这件事。当时我听到以后，第一反应很激动，因为我知道中国有很多优秀的导演，有很多成功的导演，但是能够成为双奥导演的真的是为数很少。14 年过去了，再次回到鸟巢来见证这个灿烂的夜晚，那是不容易的。所以当时首先是激动，但同时又想到该怎么做。因为 2008 年夏奥开幕式是我们共同完成的，2022 年又要完成这份壮举，说同样的话好像不太合适。14 年间，中国在发展，经济在发展，国力在提高，中国国民素质也在提高，世界看待中国的角度也不同。所以这是我最为揪心的。

任永信：人们的欣赏水平也不一样。

沈　晨：都不一样。两年不断的修改和打磨，恐怕是我们心中最为重中之重的。

主持人：刚刚任总讲了硬实力，那软实力和巧实力又是什么？

综合国力之软实力

任永信：软实力简单地说就是文化自信。这次体现得非常突出。2008 年奥运会我们圆梦，因为中国要融入奥林匹克大家庭，尤其作为东道主怎么发挥更大的作用？ 2022 年冬奥会是浪漫、自信，是简约、安全、精彩，比如说开幕式上的二十四节气、迎客松烟花，闭幕式上十二生肖冰车、折柳相送，这都是文化底蕴的表现。二十四节气、十二生肖，我们每个人都有一个生肖，这些文化的元素，还有沈导指导的冬残奥开幕式画在掌心的会徽，心心相印，传递出的是什么呢？人文的情怀，温暖、感人。这种自信是发自内心的、由内而外蓬勃而出的。

主持人：两次奥运各有特色、同样精彩。请沈导讲讲两届奥运会开幕式理念上的不同，以及此次冬残奥会开幕式最大的亮点。

沈 晨：还是有截然不同之处的，毕竟14年过去了。我记得2008年，我们是通过奥运向世界人民展开中国的画卷，让大家了解中华上下五千年无与伦比的辉煌的文化，让他们看到了中国所有主创人员在完成这一创意当中的能力和实力。在那个夜晚，世界人民给了我们四个字：无与伦比。在2022年我们换了一种方式，我们当时用了非常长的时间讨论我们到底怎么做，最后大胆放弃了我们灿烂的文化，我们觉得不必要再讲这个，世界已经知道中国了，世界已经了解中国，他们也坚信中国一定能够再做出一届非常不同的、让大家能够记忆深刻的奥运会。那我们想能不能换个方式，讲今天的中国，讲今天的中国人，这恰恰又正好吻合我们这次办赛的理念：简约、安全、精彩，才有了特别贴近我们身边的二十四节气倒计时，才有了折柳相送，才有了我们冬残奥会的同心圆。

冬残奥会更是这样。我们想冬奥会的开闭幕式讲的是中国的传统文化和当今的一种认知，那么冬残奥会，我们讲的是冬残奥会里面的残疾人，残疾人自己的事，自己的故事，所以会更加地温暖、更加地感人。比如说会徽的展示，其实是我们冬残奥会开幕式当中一个非常重要的亮点。这个亮点在攻克的时候花了很长时间，甚至我在第一次讲出来的时候遭到了所有人的反对，为什么会这样？因为当时我翻看了所有历届残奥会，不仅仅是冬残奥会，是历届残奥会的会徽展示，包括夏残奥和冬残奥，我发现以下特点。

第一，大家对残奥会的关注度本身没有这么高，他们不知道这个会徽实际上是从五个颜色慢慢演变到最后三个颜色，有这么一段历史在里面。

第二，大家对它没有太多的认知度，不像我们的冬奥五环，大家一下就有印象了。

任永信：五环是深入人心。

沈　晨：是吧？其实冬残奥的会徽展示是一个标准动作，历届导演都在拼它的出现方式。我看了，都是用机械的方式，就是用其他道具的组合。当时我在想，这些虽然很好，我们也能够用巨大的装置来完成，但是它不动情。我们能不能用一个盲人演员，让一对残健同行的双胞胎在他的手掌心画出这个会徽。当我第一次讲的时候，所有主创团队说不可能。我说为什么？他们说看不见。我说是看不见，但是你们忘了一点，盲人是看不见，但是他心里面的光是什么样子的？他手掌心的会徽是烙印在他们心里面的。如果我们在现场通过残疾人与残疾人之间的手手相传、心心相印把它表达出来，再通过电视机的特写镜头传达给世界观众，我想它一定会留下最深刻的印象。它可能是到目前为止最小的会徽展示，但是它背后的力量是最大的。所以当我们最后落实，在制作和演出彩排过程当中，对这一点盯得特别紧：对机位，远程拍上去。这次的拍摄其实也挺难，因为防疫期间很多近景机位是推不上去的，不能近距离到演员身边，只能通过长焦调，一遍一遍地对焦。加上盲人演员没有方向感，如何能对进镜头，包括手上的会徽颜色怎么能展示出来？稍微有毫厘之差，出来的可能就是偏差的概念。但是所有人团结一心，最后真正完成了。我觉得这是留下的惊叹一笔。我们想以后历届残奥会导演，包括夏残和冬残，只要再做到会徽展示，他们只要能想起"北京2022年很有特点，我们翻看一下"，我觉得我们主创团队所有人就欣慰了，因为那份记忆留下来了。

任永信：最小的会徽，最大的能量。一是残疾人会聚在一起，更主要的是代表世界的五个同心圆把奥运的理念也融入其中。

沈　晨：更加符合我们对本次冬残奥会团结、和平、融合的期许。

综合国力之巧实力

任永信：刚才说到硬实力、软实力，现在说第三个——巧实力。这次冬奥会上展现的科技赋能非常多，对比夏奥和冬奥，就会发现冬奥的科技含量比夏奥更多；科技创新在冬奥上的体现也往往比夏奥早。

本届冬奥会上共有221项技术落地的应用，4项在全球首次推出，33项首次在冬奥会使用，简单给大家举几个例子。

第一个是防疫系统。体现在以下几个方面：一是公共空间气溶胶新冠病毒检测系统，可以实现空气监测预警和快速监测，监测灵敏度比传统手段高三倍；二是北斗微基站室内外混合定位系统，可以实现亚米级的连续定位，这是国际上首次在大型体育场馆当中使用。巴赫主席说：北京冬奥闭环管理非常成功，是地球上最安全的地方。我当时说，闭环之外也是世界上最安全的地方。因为我们有一套系统保障，这是一个防疫系统。

第二个是氢燃料。冬奥火炬首次大规模使用氢燃料，实现了冬奥历史上首次火炬零碳排放。此前历届奥运会火炬都是以镁、火药、树脂、橄榄油、丙烷为燃料，2021年东京夏季奥运会火炬虽然用过氢燃料，但仅仅是部分使用，没有量产。

第三个是高科技的场馆创造纪录。国家速滑馆"冰丝带"是冬奥史上首次使用二氧化碳跨临界直冷制冰，提升效能20%以上，3360块曲面玻璃拼装成22条"冰丝带"。为什么是22条

"冰丝带"？因为契合 2022 年。总设计师郑方老师说"冰丝带"是绿色的冰、最"快"的冰，果不其然，"冰丝带"场馆创造了1 项世界纪录、9 项奥运会纪录，共计 11 名运动员刷新了历史最好成绩。这就是科技赋能的力量。还有"冰立方"，首次通过水冰转换改造工程实现了冰场环境的智慧调控、平台分区调温。此前历届冬奥会都是永久冰场，这次我们通过智慧调控实现可持续利用。另外，国家雪车雪橇中心，1.9 公里一次性喷射浇铸成型，设计难度非常大，施工难度也很大，是施工工艺最为复杂的冬奥场馆之一，也被国际雪车联合会主席称为世界上最好的场馆。北京冬奥会造雪能力很强，雪量受天气影响比较大，我国早在 2021年 11 月就启动了造雪工作，赛事得以如期进行。张家口赛区的云顶赛场更是助力中国运动员取得 3 金 3 银，配套设备 5G 方舱医疗车为全球首次应用，从现场一看，确实反应最快。所以 5G技术也给我们帮了很大的忙。

　　第四个是计时系统的精准保障。欧米茄计时系统为北京冬奥会提供了 300 名计时人员、200 吨计时设备，2008 年北京奥运会的时候有 450 吨，这次只有 200 吨，减少了一半多，更加高效、精准又相对轻便。我们顺便回顾一下历届奥运会计时设备，1932年洛杉矶奥运会开启了电子计时时代，1948年瑞士圣莫里茨冬奥会首次采用自动计时装置，再到2008年北京奥运会的450吨设备。在北京冬奥会计时系统中也有首次使用的创新技术，比如花样滑冰的跳跃分析系统、速度滑冰的违规抢跑监测系统、冰球项目的全息场内显示屏等。尤其是速度滑冰中使用的高速摄影机飞猫系统，有人打趣地叫它"韩见愁"，这虽然是开玩笑，但说明再细小的动作都能被高清还原，保证赛场上公平公正。此前速度滑冰都靠裁判的肉眼来判断，往往会被说偏向东道主。这次短道速滑接力比赛结果一出来，有些国家的运动员说判定偏向东道主，但最后证据拿出来，他们心服口服，这就是科技的力量。

　　第五个是冬季的运动比赛服。冬季赛服不仅要满足像夏奥会那样美观、吸湿、排汗和提高运动表现的功能，还要求防护性能好，要护、暖、快、美，既不能太厚，还得御寒。赛服上应用了多项航天技术，比如徐梦桃的滑雪头盔，就应用了我国目前体积最大的火箭"胖五"的外壳制造技术，重量很轻，抗冲击能力很强，防护功能至少提升20%以上。徐梦桃取得的成绩和保护性能很有关系，因为她会放心，在同样受伤的情况下不会受太大的伤。

第六个是 5G 云转播平台。刚才说云顶赛场的 5G 医疗系统，那么这次云转播系统也是首次采用 5G 技术，现场除摄像设备，看不到转播车和制作人员，所有的导切制作都是在云端完成的。冬奥会建成了全球最大的城市化 8K 立体播放体系，分布全市各个区 150 多个社区的 20 块大屏、200 余台 8K 电视机，让观众身在社区就能领略到冬奥赛场上的风采。

第七个是基础服务保障。我们以前讲过防疫神器——体温贴，贴上以后可以自动监测体温。自动加热和保温外卖柜，比如沈导经常晚上熬夜加班，吃不上热饭怎么办？这个外卖柜可以随时加热。还有自发热的冰雪袜、防切割材料的短道速滑比赛服、可实现零下 20℃御寒保暖的领奖服、为脊柱提供最佳支撑的智能床、机器人调制的鸡尾酒等，可以说科技上的进步在这些方面体现得淋漓尽致。

关键还得说说我们的本行——

第八个软实力的体现就是邮票上的冬奥科技。第一枚视频邮票^①是荷兰邮政 2006 年为意大利都灵冬奥会发行的（图 11），这枚邮票可以体现出运动的动感，这是国外发行的。中国邮政 2021年发行的《北京 2022 年冬奥会——竞赛场馆》邮票（图 15），其中一枚"冰丝带"小型张，实现"一图双景"，紫外灯下白天晶莹剔透，晚上灯火通明，22 条"冰丝带"晶莹剔透；再就是用场馆建筑材料融入油墨印成体育图标，颜色富有光泽。还有冬奥会开幕式的两枚邮票，一枚采用激光全息工艺，富有猫眼、衍射效果，立体感很强；另一枚体现点火仪式中的雪花台，晶莹剔透，科技含量很高。

所以这些邮票，让大家再一次回味奥运会的场景，同时也增加了一些科技含量的元素，让方寸之间更加回味无穷。

主持人：说到邮票上体现的火炬，冬残奥开幕式上火炬插到主火炬台的经典瞬间令人难忘，背后的故事请沈导介绍一下。

沈　晨：首先讲讲火炬，我觉得本次冬奥会火炬是艺谋总

---

① 视频邮票：指随着科技发展的进步，一些技术手段被陆续运用到了邮票的印制中，使得邮票三要素之一的"图样"不再是单调的静止、平面效果，而具有了动态的、立体的效果。

导演最大的一个创意——一片雪花。完成中国的"微火"概念，这也是历届奥运会——之后不敢说没有，但是我估计很长时间内——谁也不敢这么去做，这源于科技助力，而且打出了一个非常好的概念，那片雪花的故事一直传递在"冬开冬闭"之间，那点"微火"一直传承在我们所有人的心中。

到了冬残奥会的时候，我们就想，怎么能把主火炬再次点燃。这其实和刚才讲的会徽是一样的，当时我第一次把想法讲出来的时候，不仅遭到了主创团队的反对，连领导都反对。我说我想用盲人点火。历届残奥会都没有人敢用盲人点火，因为盲人点火有风险，但是主火炬的点燃是不能有任何风险的，甚至我们第一套方案完成以后，后面要配备第二套、第三套，以确保万一现场运动员有临场状态发挥不佳的情况下，主火炬不燃，那整个冬奥会就没有办法开幕了。所以这是奥运会当中最为重要的一个环节，不仅是开幕式导演，所有的国际冬奥组委和领导都对它非常关注。当我第一次提出来"盲人点火"——不可能，沈导，你想都别想。当年2008年夏残奥会时，张继刚导演就想过"盲人点火"，甚至准备了两套方案，他考虑用声音引领。因为盲人运动员也好，演员也好，由于视力部分的缺失，他另外的部位会非常强大，对声音的方向感会非常清楚。声音可以引领，但是在这么大体育场空旷的条件下，一定会有偏差的，所以他们当时都不认同。但是我心里面一直在想：我们如果不用，迟早会有人用。奥运会中，我们都知道，任何创意只能做一次，你做完了，下一届甚至以后所有届的导演，都绝不会再重复，这不是可以 copy（复制）的事，大家拼的就是这一次全新的出现。雪花火炬台的出现和"微火"的概念，其实赋予了我们"盲人点火"的可能性。

　　冬奥会开幕式完成后，我们再次开创意会的时候，已经进入最后实施阶段，我再讲"盲人点火"，大家觉得有可能了！而且大家当时已经判断，很有可能会让这一届冬残奥开幕式的点火变成可以留下的最精彩的瞬间！但是当时还没有开始排练，方案确定以后只有七八天的时间准备。因为这个环节在正常的演练情况下是不能进行的，只能在凌晨 1 点钟，所有演员、工作人员全部清空以后开始演练。在演练过程中，他有一定的熟悉度，从慢慢摸到最后把主火炬对到孔眼中，有时候也会用时很长，但是随着练习最终是可以完成的。但是到了最后一天，我们谁也没有想到，那个紧张啊。

任永信：是，时间长。大家心都在那儿悬着。

沈　晨：那个现场，你要知道，他已经超时间了，后来我回看，达到了 57 秒。但是回过头来，我跟这个运动员李端见面，我们聊天，因为我当年也是演员出身，在那个情况下谁不紧张？没有人不紧张。在那一瞬间，全场的观众、全中国的观众、全球的观众都在注视他，怎么会不紧张？所有的压力都集中在他手上。他后来跟我讲，他说："就在那一瞬间，突然在我左方向，听见了那一声加油。"电视转播上面只有那一声加油，声音非常模糊，但我们在现场是 3 万人一起喊起来了！这是中国人的那份力量，是中国人的那份团结！我们也没想到，没有人是经过排练的，是自发的，当时恰好音乐又是安静的，大家一起在为他鼓励！他说他听到的那一瞬间有了自信，他说我今天一定能够点燃这个圣火！当时他把火炬往外拔了一下，孔眼对上了，再拧一下，再往下送，啪，那一瞬间，火炬亮起来了！当时我们所有人拥抱，眼泪全都出来了。后来我在想，这就是残疾人自强不息的过程，是残疾人内心的那份光亮要点亮全世界，所以它是留下的真正的经典，太感人了。

任永信：盲人点火的方案，要敢想，更要能做到。盲人需要触摸点火台，这就要求它能摸而且还不烫手，一般的点火台如果是明火而不是"微火"，这个方案是不可能实现的。

沈　晨：其实李端到最后那个过程，如果你们推近景能看见，他的身体已经上去了，我很担心，我害怕上面的火苗燎到他。因为我在指挥台，距离很远，以为贴得很近，实际上距离还是有的。如果不是这么一个特殊的装置，而是用我们传统的或者以往的那种火炬，需要引燃引线，且不说找不找得到引线这个点，那是有危险的。所以一切的一切，其实是大家共同创意、铸就了这个辉煌的瞬间。

任永信：这是经过苦难后的辉煌。如果一切都按照剧本来设计，那就不是"盲人点火"了。这个意外又在意料之中。

沈　晨：而且他完成了我们没有想到的、真正的残疾人探寻的过程。到达彼岸，完成壮举的那个过程。

任永信：感受非常深。李端点火，第一个是设计上确实大胆；第二个就是通过他这个小的意外，恰恰点亮了他心中的光亮。尤其现场的加油声，在那个瞬间，我们在电视机前听到的时候，心里都热血沸腾，心中的光被点亮了。心中只要有光，便有希望。这种和平的感觉，此时此刻弥足珍贵。

主持人：请沈导介绍一下本次北京冬奥会的无障碍设施。

沈　晨：（北京冬奥会的无障碍设施）也很棒。无障碍设施不是简单的辅助坡道，它包括了一系列，比如说他们的卫生间系统、餐饮系统以及上下车抵达，还有冬天的保温系统，我觉得这其实是个人文关怀的概念。我们这届冬奥会，中国在人文关怀方面做得非常好，得到了所有运动员的一致赞赏。

主持人：二位嘉宾认为集邮和奥运的结合点是什么？

沈　晨：我本身就是一个集邮爱好者。小时候不是一套邮票一套邮票地买，是一张邮票一张邮票地攒，而且是要把父母收到的信上的邮票剪下来，泡在水里，再拿出来风干。有时候为了凑齐一套票，是要到邮票市场和集邮爱好者相互换，我觉得那个过程是最珍贵的。其实我到现在还特别留恋这个过程，因为它是真正让我感觉到集邮的乐趣，所以一直传承到现在，变成了一个任务，收集每一年的年册放在书柜中。但是对于邮票，我心里面认

为，其实它是人类历史每一个伟大瞬间和伟大事件的见证。过了
多少年以后，再回看，那些瞬间和事件都能找到。我们现在的书
本可能慢慢会变成电子书，当然传统书籍还在，但年轻人可选择
的阅读方式越来越多了。随着科技发展，电子邮票[①]还会出现，
但是这本珍贵的邮册它是不一样的。它不仅仅是集邮，我觉得它
是艺术，方寸之间见大小，所有的历史瞬间全部都在其间，而且
邮票背后的故事都能够凝练，没有文字，没有动态，但当你看见
它的那一瞬间，脑海中就全部映射出来了。所以我觉得集邮应该
让中国，最起码中国所有的年轻人一直传承下去，因为它是一门
艺术，就像我们中国的文字一样。

　　任永信：西方文字只是作为签名或者书籍的形式，但中国的
文字是书法。

　　沈　晨：集邮也是一样。当你把它变成心里的艺术的时候，
随着科技的发展，且看它能塑造出什么来，它的这份文化内涵更

---

① 电子邮票：是为适应邮政自动化需要而产生的一种邮资预付凭证，又称自动
　化邮票，它根据用户所需要的邮资面值，由电脑控制的自动售票机在预先印好
　图案、铭记的盘卷式空值邮票纸上加盖面值后切割成单枚邮票"吐出"出售。

加博大。我想它也是一份文化自信，是中国的一份文化自信。

任永信：你当时换邮票是在哪个市场换的？

沈　晨：那可早了，小时候是在江苏南京，不是在白下路的邮票市场门口，就是在各个交换邮票的地方，那时候也没有电话，就是相互约好了，每个星期二去交换。我记得特别深刻，也是一套体育邮票，我差2枚，一共是7枚吧。

任永信：那是1981年中国乒乓球队参加第36届世界乒乓球锦标赛，荣获全部七项世界冠军时发行的一套7枚邮票。

沈　晨：对对对，那时候，真的是一枚一枚去换。包括梅兰芳邮票、荷花邮票等。

任永信：那你这都是好邮票啊！

这次《冬奥＋邮》节目，我们邀请的专家都是懂集邮的文化人，而且是有文化底蕴的集邮人。听了刚才沈导讲的，一方面，中国承办的两次奥运会，沈导都参加了，是双奥导演。张艺谋导演能想到你，说明你2008年的工作得到了他充分认可，冬残奥开幕式有很多出色的创意。更主要的是，沈导执行力很强，既有点子，关键还能有实现路径！

通过这次冬奥会，我们对邮票进行定义：邮票是世界表情、国家名片、文明传承、活动见证。张艺谋导演说："邮票是历史的见证，永久的珍藏"；刚才沈导又讲，这中间是满满的文化，是满满的回忆。讲得都很经典！我通过两个词谈谈做这档节目的感受：

第一个词是借势。这档节目之所以能成功，正如孟子讲"虽有智慧不如乘势"，乘什么势？

一是乘奥运的势：奥运联系你我他，联系着老百姓的心，通过一档《冬奥＋邮》节目，更主要是通过邮票展现奥运风采，通过奥运看到邮票在这当中发挥的作用。第一期嘉宾陈晨老师就讲过，从历史来看，邮票拯救过奥运会，第一届奥运会如果没有邮票，是办不下去的，包括后来为了把奥运会办得更好，又增加了附捐邮票，销售所得专门捐助给奥运会。所以我们借势，第一个是借奥运的势。

二是借文化的势：二十四节气、十二生肖、迎客松、折柳相送，包括会徽的传递，很小的会徽但有很大的能量，以及同心圆，这不都是文化的势能嘛！2008年讲了那么多中国传统文化，那时我们是要让世界了解中国；2022 年，因为世界已经知道中国有这么丰富的文化底蕴，那么这次关键是讲细节，讲二十四节气，讲十二生肖，以及把雪花有机整合起来变成一个整体，这些创意都是借文化的势，通过历史来深挖文化、鉴古知今，推动我们中华文化的创造性转化。

三是借喜马拉雅的势：通过《冬奥＋邮》这档栏目，了解奥运会，了解邮票和奥运的关系，更是了解邮票和文化的关系。所以是借喜马拉雅的势实现对文化的传承。

第二个词是用心。认真做事只是把事情做对，用心做事才能把事情做好。做对和做好是两个层次的事。怎样用心呢？一是换位思考。我们来讲奥运合适不合适？讲得权威不权威？如果我们做邮票只是讲邮票本身，那么和奥运的结合不完整也不全面。所以要下功夫选择大家都感兴趣的内容，想客户之所想、急客户之所急，这是我们紧抓的结合点。本届奥运会我们都了解了，但这届奥运会之前，我们 2008 年夏奥会是怎么回事？承办奥运会最多的是哪些城市？为什么北京是唯一一个既办过夏奥又办过冬奥的城市？北京号称第一个"双奥之城"，之前真的没有吗？是我们自己在吹嘘吗？所以我们要站在听众的角度去讲，这就是换位思考。二是用情用功，我们要带着感情去做。我们的视角很独特：比如冬奥史上的 12 个"第一"，奥运邮票史上的 12 个"第一"，这些内容没有现成的资料怎么办？我们查资料，有些还需要现翻译。大家集中起来学奥运、学历史、找文献、找专家，最后专家说这些信息是准确的，我们才敢讲。每期节目播出以后，我们还要及时总结。三是邀约的嘉宾都很厉害，还都有集邮背景。这次特邀的嘉宾里，有双奥导演沈晨、金牌解说陈晨老师、场馆总设计师郑方老师、云顶雪场运营方肖焕伟先生、奥运文化大使侯琨老师等。

借势也好、用心也好，禅宗六祖惠能讲："一切福田不离方寸。"这个方寸就是心和心的交流，也是邮票和邮票之间的对话。这档节目通过邮票人、集邮人和冬奥的参与者、亲历者、见证者把过程讲出来，是让大家知道各行各业都有其不易，奥运的成功是举全国人民之力，这样它才会取得更大的成功。所以《冬奥＋邮》通过邮票体现办奥理念的变化、竞赛成绩的变化、精神风貌的变化，尤其体现疫情肆虐之下我们举国办大事的能力。所以说这个栏目立意独特、视角独特、表现手法也比较独特。

沈　晨：听完任总对邮票和文化概念的理解，我内心触动非常之大。我自己是个集邮爱好者，但是到目前为止，我觉得自己不能称为集邮爱好者，只能是一个学生，应该重新认知中国的文化。

第一个是中国文化真的太博大了，冬奥和集邮之间的那种纽带不仅仅局限在这张邮票中，它凝聚了所有人的一份心血，也凝聚了所有人在中国文化中找到的最重要的那个精粹点。刚才任总介绍冬奥会开幕式纪念邮票就两张，那么多精彩的瞬间，那么多赛事的历程，在这两个方寸之间如何展开？邮票仿佛是无声的，但是当人进去探寻的时候，便会发现此时无声胜有声。这可能就是中国一直传承至今的文化精神。它没有那么张扬，而是我就在这里，你想掩盖，却掩盖不了。我想邮票最珍贵的就体现在这里。

第二个是邮票的那份记忆。在冬残奥闭幕式中完成的就是那份最珍贵的记忆。因为这是双奥之城的最后瞬间，这个铭记就像我们现在再回想 2008 年夏奥会时 14 年以前的这份记忆，我们能看到中国文化中最精粹的文字展现，想到我们先辈在创造它的时候的那份记忆。

　　任永信：沈导讲的内容让我们对"文化"这个词的理解又深了一步：什么是文化？传统的东西一直在，所以"文"是存在的；导演的工作和邮票设计师的工作一样，是要通过"化"，把思想化在节目里，让它永远留在心里。所以文化重在"以文化人，以文化心"，让大家永远记住这个精彩的瞬间，让大家记住所有为冬奥付出艰辛劳动的导演、演员、运动员和志愿者们。我们为每个获得金牌的运动员都做了一枚纪念封，社会关注度非常高，就是让大家把这个"化"字永远融化在心里，变成永久的记忆。

　　沈　晨：太好了。为什么我刚才讲邮票是一门艺术？邮票的创作者和我们导演是一样的，他不是把生活、把精彩瞬间直接放上去，那只是记录，它应该是提纯，通过自己独特的视角再创造，所以它是一门浓缩的艺术。我们的文化也好，艺术也好，都是提纯后再以独特的视角展现出来，它把一些不必要的元素摒弃了，这样它才能继续存在下去。所以我越来越觉得，邮票应该纳入艺术领域。

　　任永信：还有两个词，传统与宇宙。

　　什么是传统？"传"，指的是时间上的流传与延续，而"统"则是指空间上的凝结与集聚，既有时间的也有空间的。

　　什么是宇宙？上下四方为"宇"，古往今来叫"宙"，它也是空间和时间的。我们的节目在那么短的时间里，把人类的这种记忆从时间上记录下来，在空间上得到了展示，这是空间和时间的结合，也是传统的结合，更是"以文化心"的典型代表。

　　沈　晨：所以任何一门专业，到了最后追溯到文化顶端的时候，都是统一的。

　　任永信：对，开幕式、闭幕式，以及邮票，实际上所有文化的内容、传统的内容，都是相通的。这就说到根本上了，这就是文化。

后记

北京冬奥会是2022年新年伊始最大的看点、热点、焦点，吸引全世界的目光，牵动着亿万人的心；邮票是世界表情、国家名片、文明传承、活动见证，记录精彩瞬间，铭记永恒经典。《集邮电台：冬奥盛典 方寸铭记》一书，以北京冬奥会赛事期间，在喜马拉雅分享平台播放的集邮电台专题访谈节目为基础，将奥运文化和集邮文化进行完美融合，以方寸视野，再现北京冬奥会从申办到筹办的过程、记录北京冬奥会从激烈赛事到精彩的开闭幕式盛典，完成邮政使命，展现国家实力，传承文化精粹。

本书在编辑过程中，受到了国际奥委会副主席、中国奥委会副主席于再清，北京奥运城市发展促进会副会长蒋效愚，北京金台艺术馆馆长、著名艺术家袁熙坤，北京冬奥组委市场开发部朴学东部长的亲切关怀；得到了陈晨、郑方、肖焕伟、侯琨、沈晨、吴静钰等节目嘉宾的鼎力支持；得到了广大集邮爱好者和中国邮政集团有限公司、各省邮政分公司的极大帮助，同时也得到了中国集邮有限公司各部门的同心协力和无私奉献。在此一并致谢！正是有了各方面的共同努力，这本书才得以面世，希望《集邮电台：冬奥盛典 方寸铭记》，能以不一样的角度带给读者怀想冬奥的记忆，激发传承文化、扬我国威的澎湃情怀，助力中国体育事业、中国奥林匹克文化发展，助力中国集邮文化复兴，成为记录经典的经典，成为呈现精彩的精彩！

2022 年 12 月

图书在版编目（CIP）数据

集邮电台：冬奥盛典　方寸铭记 / 任永信 主编 . —北京：东方出版社，2022.12
（"集邮电台"系列丛书）
ISBN 978-7-5207-2980-2

Ⅰ.①集…　Ⅱ.①任…　Ⅲ.①冬季奥运会—文化研究②邮票—介绍—中国
Ⅳ.① G811.212 ② G262.2

中国版本图书馆 CIP 数据核字（2022）第 220065 号

集邮电台：冬奥盛典 方寸铭记
（ JIYOU DIANTAI: DONG'AO SHENGDIAN FANGCUN MINGJI ）

编　　　者：任永信
责任编辑：王　萌
出　　版：东方出版社
发　　行：人民东方出版传媒有限公司
地　　址：北京市东城区朝阳门内大街 166 号
邮　　编：100010
印　　刷：小森印刷（北京）有限公司
版　　次：2022 年 12 月第 1 版
印　　次：2022 年 12 月第 1 次印刷
开　　本：787 毫米 × 1092 毫米　1/32
印　　张：6.125
字　　数：100 千字
书　　号：ISBN 978-7-5207-2980-2
定　　价：68.00 元
发行电话：（010）85924663　85924644　85924641
